LE MUSÉE ÉGYPTIEN

RECUEIL DE MONUMENTS

ET DE NOTICES SUR LES FOUILLES D'ÉGYPTE.

MINISTÈRE DES TRAVAUX PUBLICS.

LE MUSÉE ÉGYPTIEN

RECUEIL DE MONUMENTS

ET DE NOTICES SUR LES FOUILLES D'ÉGYPTE.

PUBLIÉ PAR

M. E. GRÉBAUT

DIRECTEUR GÉNÉRAL DU SERVICE DES FOUILLES.

TOME PREMIER.

LE CAIRE.

IMPRIMERIE DE L'INSTITUT FRANÇAIS

D'ARCHÉOLOGIE ORIENTALE.

1890-1900.

LE MUSÉE ÉGYPTIEN

TEXTE PAR

M. G. MASPERO

Mariette avait fondé, en 1871, le recueil des *Monuments divers* afin d'y publier les principaux monuments qui venaient enrichir chaque année le Musée de Boulaq. Je terminai le volume qu'il avait commencé[1], mais, faute d'argent pour continuer son œuvre, je dus me résigner à insérer les documents qui auraient dû y figurer, soit dans la *Zeitschrift* de Lepsius, soit dans le *Recueil de Travaux relatifs à la Philologie et à l'Archéologie Égyptiennes et Assyriennes;* pour n'en citer qu'un exemple, les textes religieux des Pyramides de Sakkarah ont paru dans la seconde de ces deux revues. M. Grébaut, disposant d'un budget plus riche que le mien, revint aux pratiques de Mariette; en 1890, il lança, sous les auspices et aux frais du Gouvernement Khédivial, le premier numéro de ce *Musée Égyptien*[2]. Le but qu'il poursuivait était double. En premier lieu, il voulait placer à la disposition des savants le texte authentique des inscriptions les plus importantes que le Musée possède. Ensuite il comptait fournir aux archéologues la reproduction exacte des statues, bas-reliefs, peintures, menus objets en bois, en pierre, en bronze, en émail qui lui paraissaient propres à donner une idée avantageuse de l'art, de la culture ou de l'industrie des Anciens. On sait combien peu l'archéologie égyptienne est connue en dehors de notre petit cercle. Le nombre considérable des monuments que nos musées renferment, la façon peu commode dont ils sont exposés le plus souvent, les difficultés qu'on rencontre lorsqu'on souhaite les manier ou les examiner de près, ont découragé plus d'un savant que son penchant naturel inclinait à les étudier. M. Grébaut avait donc raison lorsqu'il se proposait de jeter les richesses de notre Musée dans le domaine public, par le moyen de fac-similés exacts qui suppléeraient en quelque sorte à l'absence des pièces originales. C'est ce que j'avais tenté déjà de faire dans les deux volumes qu'Olivier

---

[1] Mariette-Maspero, *Monuments divers recueillis en Égypte et en Nubie*, 28 liv. in-folio, 1871-1892.

[2] E. Grébaut, *Le Musée Égyptien. Recueil de Monuments choisis et de Notices sur les fouilles en Égypte*, publié par E. Grébaut, Directeur général du Service des Fouilles, E. Brugsch bey et G. Daressy, Conservateurs, t. I, fasc. 1. Le Caire, 1890, in-4°, 19 pl. Prix : 17 francs.

Rayet publia sous le titre de *Monuments de l'Art antique*, et les admirables planches de Dujardin, si habilement tirées par Eudes, avaient obligé bien des gens, réfractaires jusqu'alors, à reconnaître le mérite de certaines œuvres que l'art des Pharaons nous a léguées. Le procédé choisi par M. Grébaut ne vaut pas l'héliogravure, tant s'en faut, mais le *Musée Égyptien* n'en aurait pas moins rendu grand service si des circonstances étrangères à la science n'avaient arrêté le progrès de l'entreprise dès le lendemain du jour où la première livraison avait paru. M. Grébaut avait choisi neuf planches nouvelles pour la seconde livraison et il en avait fait tirer la photographie par Emile Brugsch bey. Lorsqu'il eut quitté, en 1891, ses successeurs n'en achevèrent point l'exécution et le *Musée Égyptien* est demeuré interrompu jusqu'à ce jour, dix-neuf planches et une couverture portant le titre des planches. Il m'a paru que le Service des Antiquités se devait à lui-même de tenir les engagements pris par un de ses chefs, et le Comité d'Archéologie, partageant mon sentiment, m'a encouragé à terminer le volume commencé. Les clichés de Brugsch bey attendaient depuis neuf ans chez M. Beckmann : je leur ai adjoint un certain nombre de monuments choisis parmi les plus curieux de ceux qui sont sortis des fouilles dernières, et j'ai rédigé un texte descriptif, de manière à former un volume de taille raisonnable. Le recueil en restera là, au moins pour le moment; le *Catalogue illustré* du Musée, qui commencera bientôt à paraître, et les *Annales du Service*, dont le premier fascicule a déjà paru, remplissent plus complètement l'office qui lui était réservé au début et en rendent la continuation presque inutile. Toutefois, telle circonstance peut survenir qui, arrêtant ou ralentissant la marche de ces deux publications, nous oblige à chercher en dehors d'elles le moyen de faire connaître promptement certains objets découverts récemment : alors peut-être il y aura lieu de revenir par intervalle au *Musée Égyptien*, et d'en imprimer quelques fascicules de temps à autre.

PLANCHES I - VII [1].

Les monuments qui couvrent les six premières planches proviennent de la nécropole de Thèbes. Ils appartiennent tous à une chapelle funéraire, dont M. Grébaut attribue la possession au culte d'un seul des fils de Thoutmosis I, cet Ouazmasou 𓉟𓅓𓊪𓂦 qui dut un moment hériter la couronne [2]; elle me semble toutefois avoir été affectée également au culte de plusieurs personnages secondaires de la famille de ce Pharaon [3]. Elle fut découverte à Gournah, un peu au Nord du Ramesséum, vers le milieu de février 1887. Des enfants jouant dans le sable avaient mis à nu la tête d'une statue de femme. M. Grébaut, prévenu par le raïs Mohammed Abderrassoul, ordonna à M. Daressy, alors en mission à Louxor, de se transporter sur les lieux et d'exécuter des sondages autour de la statue. M. Daressy eut bientôt fait de reconnaître les ruines d'un édifice en briques qu'il déblaya soigneusement [4].

Planche I. — Le plus important des monuments qu'il y recueillit, la statue de reine qui fut l'occasion de la découverte, est reproduit sur la planche I. Elle fut trouvée encore en place, le dos au mur qui sépare le sanctuaire central de la chambre de droite, au point marqué F sur le plan de M. Daressy (cf. pl. IV du présent volume). Elle est en grès, haute de 1 m. 65 cent. piédestal compris, et elle n'a pas souffert depuis l'antiquité; seuls, le bout du nez et un petit morceau du menton ont été brisés par la chute d'une brique ou d'une poutre, lors de la ruine de l'édifice. Elle représente une reine assise sur un siège à dossier sans ornements, les pieds posés carrément devant elle, les mains sur les genoux; la robe est blanche, échancrée au cou de manière à montrer un large collier multicolore, les chairs sont peintes en jaune, une perruque noire encadre la figure, et, sur la perruque, la dépouille de vautour allonge ses ailes, la tête dressée au-dessus du front de la reine. L'inscription tracée en deux colonnes, sur le devant du siège, à droite et à gauche des jambes 𓏏𓊹𓇳𓋹𓈖𓏏𓏤𓈖𓀀𓅓𓄿𓏏𓂝

---

[1] Le texte des dix-neuf planches de la première livraison reproduit les termes mêmes d'un article que j'ai publié dans la *Revue Critique*, t. II, p. 409-417, n° 49 du 8 décembre 1890.

[2] Cf. sur ce prince, Maspero, *Les Momies royales de Déir el-Bahari*, dans les *Mémoires de la Mission Française*, t. I, p. 630, 599.

[3] C'est aussi à cette conclusion que les fouilles ont amené M. Petrie (*Six Temples at Thebes*, p. 3).

[4] M. Grébaut a donné la description de quelques-uns des principaux monuments découverts, dans le *Bulletin de l'Institut Égyptien*, 1887, 2ᵉ série, 2ᵉ partie, p. vii, xix, xxi sqq. et surtout dans sa *Notice Sommaire des Monuments*, 1892, p. 95-98.

[hieroglyphs] nous apprend que c'est l'une des femmes de Thoutmosis I, Maoutnofrit, mère de Thoutmosis II, et que la statue avait été consacrée par ce prince. Sans parler de la valeur artistique qu'elle possède, elle nous a permis d'éclairer définitivement un des points les plus obscurs de l'histoire du temps. Si les deux successeurs de Thoutmosis I se sont effacés devant la reine Hâtshopsouîtou, c'est parce qu'ils n'avaient pas, du chef de leur mère, autant de droits qu'elle à la couronne. Les inscriptions du linceul de Thoutmosis III nous ont enseigné que ce souverain était né d'une simple concubine, Isis, étrangère à la famille royale. Celles de la statue nous révèlent que Thoutmosis II était l'enfant d'une femme légitime, apparentée à la famille royale, mais non pas sœur germaine de son mari. Hâtshopsouîtou au contraire avait pour mère la reine Ahmasi, fille d'Aménôthès I et de sa sœur germaine Ahhotpou II; elle avait donc, du fait de sa mère, des droits supérieurs à ceux de son frère et de son neveu. La statue a été reproduite dans MASPERO, *Histoire Ancienne des peuples de l'Orient classique*, t. II, p. 237. — *N° d'entrée* 27575.

Les pièces de grès, entre lesquelles la statue paraît, sont un encadrement de porte funéraire dont les morceaux furent employés comme dalles dans le vestibule de la chapelle, lors d'une restauration qui eut lieu probablement sous Ramsès II : M. Daressy les y a retrouvés la face contre terre. La porte reconstruite mesure 2 mètres de haut sur 1 m. 20 cent. de large. On y voit, au milieu du linteau, les deux cartouches de Thoutmosis III, flanqués de deux proscynèmes, à Khonsou thébain Nofirhotpou et à Thot, maître de la parole divine, qui se continuent sur les deux montants; le nom du personnage en faveur de qui on les faisait, un prêtre d'Amon dans [hieroglyphs] la Hounkît de vie, la chapelle de Thoutmosis III, était Habî. — *N° d'entrée* 27625.

Le linteau figuré en compagnie de ces deux monuments porte également les deux cartouches de Thoutmosis III, sous le disque ailé de l'Horus d'Edfou. Il est en grès, sculpté et peint, et il mesure 1 m. 08 cent. de longueur, sur 0 m. 50 cent. de hauteur. — *N° d'entrée* 27576.

PLANCHE II. — Stèle en calcaire, large de 0 m. 40 cent., dont les débris ont été en partie recueillis sur place par M. Daressy, en partie achetés par lui à Louxor, chez un marchand d'antiquités; quelques débris sont venus depuis lors s'ajouter au premier fond, qui sont conservés à Gizeh mais qui ne figurent point sur la planche du *Musée Égyptien*.

Le tableau du cintre représente Thoutmosis I, assis, derrière lequel Ouazmosou, son fils qui l'aime, se tient debout. Thoutmosis III offre l'encens enflammé à son aïeul, et, derrière lui, commence un long texte qui comptait certainement une trentaine de lignes verticales et horizontales au temps où il était complet. L'inscription est datée de l'an XXI de Thoutmosis III, le 25 du troisième mois de Pirît. Elle contenait le testament ou la donation † 𓇳 d'un certain Sonimosou, qui était nourricier 𓏤 du fils royal Ouazmosou, et qui était peut-être Syrien d'origine. Il raconte dans le préambule de cet acte qu'il vécut au service d'Ouazmosou (vivant?), avec sa femme Houzarou, puisqu'il continua au service d'Ouazmosou mort comme 𓏤, homme au rouleau, maître des cérémonies dans le culte funéraire de son maître. Lorsque sa femme Houzarou fut vieille, on croit distinguer qu'il prit une femme plus jeune et que ce second mariage lui suscita des difficultés avec ses enfants du premier lit, deux filles, dont les noms sont énumérés à la troisième ligne, sa fille Taaraî 𓏤, sa fille Sitamanou 𓏤, et un fils Sa-âou 𓏤. On dirait qu'il y eut litige au sujet de l'héritage de la dame Houzarou, et que le fils de cette dame, et le sien, le cita en justice pour le contraindre à liquider cette succession. Au cours de ce procès, il fut accusé d'avoir appliqué à son bénéfice le mobilier précieux et les revenus du tombeau d'Ouazmosou dont il avait la garde. Un des lambeaux de phrase échappés à la destruction contient le récit d'une querelle où un personnage dit à Sonimosou ou peut-être à son fils : « [Je ne puis rester] dans une même ville avec toi, car je suis Nègre et toi tu es Syrien », 𓏤 𓏤, phrase curieuse, en ce qu'elle témoigne de la présence d'éléments étrangers d'origines diverses dans la population thébaine, dès les premiers temps de la XVIIIe dynastie. L'affaire, portée devant le nomarque, comte de Thèbes, se termina à l'avantage de Sonimosou : il fut confirmé dans ses charges, reçut l'assurance qu'elles passeraient à ses enfants, et, par reconnaissance, il consacra dans la chapelle cette stèle où, après avoir raconté ses tribulations puis son succès, il instituait un legs au culte d'Ouazmosou. Tout cela est si mutilé que je n'oserais affirmer l'exactitude de l'interprétation que je viens de donner. Une étude longue et sérieuse pourra peut-être révéler à qui l'entreprendra le sens certain du document.

Un des petits fragments reproduits sur la planche a été renversé par erreur. — *Nᵒ d'entrée 27815.*

PLANCHE III. — Stèle en calcaire, haute de 0 m. 28 cent., large de 0 m. 18 cent. Dans le cintre, la chatte de la dame du ciel, 𓏤, c'est-à-dire la déesse Maout, assise, et l'excellente oie d'Amon 𓏤 sont affrontées l'une à l'autre, à peine séparées par un lotus, et à une proximité qu'on ne peut s'empêcher d'esti-

mer dangereuse pour l'oie divine. Au registre inférieur, le fils royal Ouazmosou
est assis à gauche, le sceptre ✦ d'une main et le lotus de l'autre, comme enfant
et troisième membre de la triade divine dont l'oie Amon et la chatte Maout sont
les deux personnages principaux. Le *Chef des manœuvres dans la Place Vraie*, —
la Nécropole, — *Pashodou*, en grand costume de cérémonie, fait proscynème
aux deux divinités et inclut le maître de chapelle, Ouazmosou, dans sa prière.
Un *Pashodou, domestique de la Place Vraie*, nous a laissé un certain nombre de
monuments que j'ai eu l'occasion de citer ailleurs [1]: peut-être notre Pashodou
lui est-il identique. En tout cas, il vivait sous la XXe dynastie, et son ex-voto est
un exemple nouveau de la fidélité avec laquelle les cultes funéraires étaient pratiqués après des siècles, et de la prédilection que la population thébaine marquait
pour les dieux animaux. La partie supérieure de la stèle a été reproduite dans
MASPERO, *Histoire Ancienne des Peuples de l'Orient classique*, t. I, p. 87. — *N° d'entrée* 27820.

PLANCHE IV. — Le plan de la chapelle d'Ouazmosou avait été dressé par
M. Daressy, au fur et à mesure que les restes des murailles sortaient de terre.
Elle ne comprenait pas seulement des pièces consacrées au culte, mais on y
trouve des chambres d'habitation, dont l'une au moins a servi de cuisine et conservait son foyer presque intact. C'est le premier exemple certain qu'on ait pu
étudier sur le terrain de ces monuments si nombreux dans la nécropole thébaine
et qu'on appelait ☉⏥ *khairou*. Comme les mosquées funéraires des sultans
mamelouks au Caire, c'étaient des établissements composites, comportant une
partie sacrée, des dépôts destinés à l'offrande, des chambres pour les gardiens
et pour les domestiques attachés à la maison du mort, souvent un logement
complet pour les prêtres. Le *khairou* d'Ouazmosou avait été bâti sur les ruines
d'édifices antérieurs en briques crues, dont les substructions sont teintées en
jaune. Il mesurait environ vingt-deux mètres et demi de largeur sur trente mètres
de longueur. On y rencontre un pylône à demi détruit, tourné vers la plaine,
puis deux cours en enfilade l'une derrière l'autre, séparées autrefois par un mur
qui a disparu complètement. L'espace vide, qui résulte de la réunion de ces deux
cours, est fermé au fond par un mur également en briques, percé en son milieu
par une porte à laquelle accède un escalier à rampe médiane unie, flanquée de
deux rangées de sept marches, assez larges mais fort basses. La porte franchie, on
pénètre dans une salle peu profonde, sur laquelle ouvrent trois niches ou trois

---

[1] MASPERO, *Rapport sur une Mission en Italie*, dans le *Recueil de Travaux*, t. II., p. 175-176.

sanctuaires. C'était la chapelle proprement dite : les magasins et les logements du personnel s'entassaient sur la gauche et sur le derrière. Le tout est construit en briques sèches, simplement crépies de blanc dans la partie d'habitation, revêtues de plaques en calcaire et en grès dans le sanctuaire, comme le prouve la multitude des petits fragments répandus parmi les décombres. Le plancher était de terre battue, sauf dans les endroits où le plan est teinté en rouge. Là, un roi de la XX⁰ dynastie paraît avoir établi un dallage au moyen de pierres volées à des tombeaux voisins ou de stèles placées côte à côte, la face contre terre, les unes intactes, les autres brisées, ex-voto en faveur du prince Ouazmosou ou proscynèmes ordinaires.

Quelques-uns des détails observés par M. Daressy en 1887 ne sont plus reconnaissables aujourd'hui sur le terrain. En revanche, les fouilles que M. Petrie a opérées sur le même site en 1895-1896 ont permis d'ajouter quelques détails nouveaux au plan publié à la planche IV, et ont achevé de mettre au jour tout ce qui subsistait de l'édifice. Elles ont prouvé que la chapelle avait été remaniée sous Aménôthès II et sous Aménôthès III [1], avant d'être restaurée par un Pharaon de la XX⁰ dynastie.

Planche V. — Le premier des monuments reproduits sur cette planche est tout ce qui reste d'une stèle cintrée en calcaire, haute de 0 m. 11 cent. en son état actuel, et large de 0 m. 44 cent.

Au premier registre, le personnage Nofersakhrou, celui-là peut-être dont le tombeau se rencontre dans le voisinage, est agenouillé devant une uræus dont la tête est surmontée du disque solaire, Ranouît, la dame des offrandes, ⳩, et il lui présente l'encens enflammé.

Au second registre, la femme de Nofersakhrou et son fils Manouîti-haîti ⳩ rendent hommage à toute une famille de petits serpents, dont deux seulement sont encore visibles. C'est un document de plus à joindre à ceux qui nous restent du culte rendu au serpent par les gens de la nécropole thébaine.— *N⁰ d'entrée 27786.*

Le second fragment a été trouvé dans la chapelle d'Ouazmosou, mais il y avait été apporté de quelque tombeau voisin, lors de la restauration de l'édifice. Il mesurait 0 m. 43 cent. de hauteur, sur 0 m. 80 de largeur; transporté au Musée, il y est tombé en poussière et il ne laisse plus rien distinguer des représentations qu'il portait. On y voyait au premier registre les restes d'un jardin

[1] Flinders Petrie, *Six Temples at Thebes*, pl. XXVI et p. 8.

funéraire planté de doums et de sycomores : on lisait au-dessous une formule de proscynème mutilée, par laquelle un personnage dont le nom avait disparu implorait Osiris et Anubis, pour le compte de sa mère et de son père Iâf-haîti ⸺, attaché à la personne d'une reine sans nom. La tête des deux personnages était seule visible encore. — *N° d'entrée 27748.*

Le troisième fragment, une petite stèle cintrée en calcaire, haute de 0 m. 18 cent., est un proscynème du *scribe des miliciens du maître des deux mondes*, Maî ⸺, et de son fils, Ahmasou ⸺, revêtu des mêmes fonctions, en l'honneur d'Amonrâ, roi des dieux, maître du ciel. — *N° d'entrée 27785.*

Planche VI. — Stèle en calcaire, haute de 0 m. 11 centimètres, large de 0 m. 14 cent. Un taureau, armé de larges cornes en croissant, debout, regarde un objet placé devant lui et qui paraît être une botte de fourrage. Le nom de la bête est écrit au-dessus de son dos dans le cintre de la stèle : il s'appelait ⸺ *Paîmontou Pakmaout*, ce qu'il faut traduire peut-être par *Celui de Montou, Pakmaout*, en considérant le premier groupe comme le titre, le second comme le nom lui-même. C'est, ou bien le taureau sacré de la ville voisine d'Hermonthis, qui, en effet, était vouée à Montou, le grand dieu de la plaine thébaine, ou bien un animal sacré de rang secondaire, adoré dans la nécropole. Le style est celui des dynasties saites, tendant plutôt vers le style des Ptolémées que vers celui des Éthiopiens. — *N° d'entrée 27822.*

Fragment de stèle ou de bas-relief en calcaire, haut de 0 m. 11 cent., et gravé en relief d'un ciseau fort délicat. Il représente la vache d'Hathor, le fouet magique, la *monâît* au cou, et marchant sur les montagnes. — *N° d'entrée 27787.*

Petite stèle en calcaire, haute de 0 m. 13 cent., large de 0 m. 10 cent. *Amonrâ, maître de Karnak, seigneur du ciel, roi des dieux*, et la déesse hippopotame Taouîrit, coiffée des cornes et du disque, reçoivent la libation d'un prêtre dont le nom est illisible. — *N° d'entrée 29824.*

Bloc en calcaire, haut de 0 m. 26 cent., large de 0 m. 40 cent., et qui a appartenu probablement au revêtement de l'un des murs du sanctuaire. On y lit, en relief, les restes d'une inscription qui met le fils royal Ouazmosou en rapport avec le comte nomarque de Thèbes, Imhotpou; l'inscription avait été gravée par le père de celui-ci, le nourricier des enfants royaux de Thoutmosis I, dont le nom est effacé, à cause de la grande faveur dont ce personnage jouissait auprès du roi son maître. — *N° d'entrée 27818.*

Planche VII. — Morceau de bas-relief en beau calcaire blanc, haut de o m. 93 cent. large de 1 m. 20 cent., d'un style fin et délicat, comparable à ce que l'art de l'Ancien Empire nous a légué de meilleur. On y voit au centre deux formes de Phtah adossées, et, devant *Phtah Risi-ânbouf, maître d'Ankhtooui*, le roi Aménôthès III, présenté au dieu par la déesse Sokhît, dont le corps est détruit, mais dont le nom est conservé; une autre déesse, probablement une variante de Sokhît, amenait le même Aménôthès au Phtah de gauche. La figure du roi, très douce, est d'une grâce un peu mélancolique; celle du dieu est copiée sur celle du roi, comme c'est l'usage à cette époque, et elle offre les mêmes traits, mais moins souriants. — *N° d'entrée 34558.*

2° Sorte de table à libations, en albâtre, longue de 1 m. 22 cent., large de o m. 47 cent., haute de o m. 56 cent., découverte en 1888, à Mitrahynéh, à plusieurs mètres de profondeur au-dessous des fondations du temple de la XVIIIe dynastie, au-dessus des statues royales figurées sur les planches VIII-XII, à une vingtaine de mètres de l'endroit où gisait le fragment de bas-relief précédent [1]. Les côtés en sont ornés de ces longues rainures groupées par panneaux, qui forment un des types fréquents de décoration dans les monuments de style très archaïque; toutefois, elle ne porte aucune inscription qui permette de dire à laquelle des premières dynasties elle remonte. Il est probable seulement qu'elle est un peu antérieure au début de la IVe. — *N° d'entrée 27851.*

PLANCHES VIII-XII.

Les statues reproduites sur les planches VIII-XII ont été achetées, en 1888, à des marchands indigènes qui les tenaient d'habitants de Mitrahynèh, l'une, celle de Niousirrî, pour 80 L. E., les autres ensemble pour 1000 L. E. M. Grébaut chercha à en connaître le lieu d'origine, et le raïs Mohammed Abou-Higgazi lui déclara bientôt qu'elles avaient été découvertes à Mitrahynèh même, dans une chambre située à l'Ouest de l'emplacement du lac Sacré, parmi les ruines du temple de Phtah, un peu plus bas que la table à libations figurée sur la planche précédente. Le récit lui parut peu croyable; il supposa que les marchands l'avaient inventé de toutes pièces, afin de dépister les agents du Service des Antiquités, et que les monuments provenaient d'un coin quelconque de Sakkarah. Il fit exécuter dans la nécropole des sondages qui demeurèrent sans résultats, mais cet insuccès n'affaiblit point sa conviction : la présence, sur la statue de

[1] GRÉBAUT, *Notice sommaire des Monuments exposés*, 1892, n° 6162, p. 31.

Mykérinos, d'un titre formé avec le nom de l'un des taureaux sacrés[1], lui fit penser qu'ils avaient décoré l'un des Sérapéums de l'Ancien Empire.

Depuis mon retour en Égypte, j'ai eu l'occasion d'interroger quelques-unes des personnes qui avaient été mêlées à cette affaire, et toutes m'ont affirmé que le récit fait à M. Grébaut était l'expression de la vérité. Le raïs Higgazi, fils et successeur du raïs Mohammed, m'a mené à la place où l'on assure que la trouvaille a été faite, et il m'a proposé de rouvrir la chambre, dans l'espoir d'y recueillir quelques indices nouveaux; il y aura lieu certainement d'ordonner des fouilles en cet endroit. En tout cas, l'histoire n'a rien d'invraisemblable en elle-même. La façon dont M. Quibell a découvert les deux belles statues en bronze de Papî I, à Kom el-Ahmar, montre que les Égyptiens avaient l'habitude de conserver longtemps les images de leurs anciens rois, puis de les enterrer dans des cachettes, lorsqu'elles ne leur semblaient plus être en état de servir. Le sacerdoce de Memphis a pu de même, au moment d'un des remaniements du temple de Phtah, reléguer dans un caveau, comme dans une *favissa*, les statuettes des rois de la IVe et de la Ve dynasties qui avaient décoré le sanctuaire plus ancien.

Planche VIII. — La plus belle de ces statues, celle de Khéphrên, mesure o m. 80 cent. de haut. Elle est d'un albâtre très fin, sonore comme le cristal, semblable à celui de la carrière découverte par Schweinfurth à peu de distance d'Hélouân, dans l'Ouady Guerraouî. Le type de la figure est, autant que j'en puis juger, identique à celui des statues découvertes jadis par Mariette dans le temple du Sphinx, ce qui achèverait de prouver, s'il en était besoin encore, que les statues égyptiennes sont des portraits réels. La facture en est pourtant inférieure à celle des deux Khéphrên en diorite et en basalte vert; le modelé est plus mou, l'expression plus banale. Ce n'en est pas moins un beau morceau de sculpture, et qu'un musée européen s'estimerait heureux de posséder. Les inscriptions sont réparties en trois endroits différents. On lit sur le plat du socle, devant les pieds de la statue, le nom du roi, et sur chacun des deux côtés du siège, la légende plus complète comprenant le nom d'épervier et le nom solaire affrontés. Les hiéroglyphes sont gravés en creux, largement et d'un style hardi qui correspond à celui de la statue; ils datent de l'époque même où elle fut faite, et ils n'ont pas été ajoutés après coup. Un dessin de ce monument a été publié dans *Maspero, Histoire Ancienne des peuples de l'Orient classique*, t. I, p. 572. — *N° d'entrée* 28577.

[1] Cfr. plus bas, p. 11, du présent volume.

Planche IX. — Statue en diorite, haute de o m. 55 cent., représentant Mykérinos, fils et successeur immédiat de Khéphrên. Facture molle, un peu banale. Le
protocole royal est gravé à deux reprises : une première fois, en une seule ligne
verticale tracée sur la face du siège, à côté de la jambe, et sur le plat du socle
à côté du pied droit de la statue ; une seconde fois, en
une seule ligne verticale et symétriquement à la précédente à côté de la
jambe et du pied droit de la statue
. Des dessins du monument ont été publiés dans *Maspero, Histoire Ancienne
des peuples de l'Orient classique*, t. I, p. 374 et dans *Petrie, A History of Egypt*,
2ᵉ édit., t. I, p. 63 ; la légende a été mal interprétée par le dessinateur dans
la vignette de l'*Histoire Ancienne*. — *N° d'entrée 28578.*

Planche X. — Statue en granit rose, haute de o m. 65 cent., représentant le
roi Niousirrî de la Vᵉ dynastie, assis sur un siège en forme de dé. Elle est assez
fruste, mais d'un contour précis et d'une expression énergique, que la planche
rend mal. Le jupon est lisse, la coiffure et son uræus un peu plate, l'œil bordé
de kohol. Le nom du roi se lit sur le devant du socle, à côté du pied droit de la
statue, en une colonne verticale . Des dessins du monument
ont été publiés dans *Maspero, Histoire Ancienne des peuples de l'Orient classique*,
t. I. p. 390, et dans *Petrie, A History of Egypt,* 2ᵉ éd., t. I, p. 77. — *N° d'entrée 28466.*

Planche XI. —Statue en albâtre calcaire, haute de o m. 48 cent., représentant
le roi Menkaouhorou de la Vᵉ dynastie. Elle a souffert plus que les autres, et elle
paraît avoir été d'un travail assez médiocre. Le roi s'était fait représenter en
Osiris, avec le bonnet blanc de la royauté du Sud, les mains croisées sur la poitrine
et serrant la houlette et le fouet ; la tunique est très courte et ne descend pas
jusqu'aux genoux. Le nom du roi est gravé de façon sommaire sur le plat du
socle, verticalement, à côté du pied droit de la statue,
— *N° d'entrée 28579.*

Planche XII. — Statue en albâtre calcaire, haute de o m. 64 cent., et ne
portant aucune inscription. C'est celle qui approche le plus du Khéphrên pour
le fini de l'exécution ; on dirait presque qu'elle sort du même atelier. Le type
de la physionomie est celui de Khéphrên, mais un peu plus ferme, et l'air de
parenté est tel entre les deux personnages que j'incline à y reconnaître Khéops,
le père de Khéphrên. Un dessin de ce monument a été publié dans *Maspero,
Histoire Ancienne des peuples de l'Orient classique*, t. I, p. 364.

Toutes ces statues avaient été d'abord jugées contemporaines des souverains dont elles portent les noms, et l'on y voyait généralement une des meilleures expressions de l'art de l'Ancien Empire. M. Borchardt, et, à sa suite, une partie de l'école allemande, a cru pouvoir réformer cette impression première et rabaisser l'exécution de ces monuments jusqu'à l'époque Saïte [1]. Il ne me paraît pas que les considérations de facture et de parure ou d'ornementation sur lesquelles il s'appuie soient suffisamment justifiées encore pour établir cette opinion, et des découvertes récentes ont déjà contredit telle ou telle des observations sur lesquelles elle semblait reposer. Nous connaissons encore trop peu la sculpture royale de l'âge Memphite pour pouvoir affirmer avec vraisemblance que nos statues n'en présentent point les caractères. Je continuerai donc jusqu'à nouvel ordre à reconnaître en elles des monuments de la IVe et de la Ve dynasties, sculptés sous le roi même dont elles reproduisent les traits ou très peu de jours après sa mort.

PLANCHE XIII.

Statue en granit noir, tacheté de rouge, haute de 0 m. 40 cent., représentant un simple particulier. Il est agenouillé, l'échine tassée sur elle-même, la tête pendante en avant et comme entraînée par son propre poids, les mains allongées sur les genoux. Le style en est fruste, grossier, et semble trahir une haute antiquité. Le monument était unique au moment de la découverte, mais ,depuis lors, M. Quibell a trouvé à Kom el-Ahmar, l'ancienne Hiéracônpolis en face d'el-Kab, une statue en calcaire de style analogue et qui paraît remonter à la fin de la IIe ou aux débuts de la IIIe dynastie. Nous connaîtrions exactement la date qu'il convient d'attribuer à notre personnage, si nous possédions dès à présent la liste complète des *noms d'épervier* de tous les Pharaons dont les documents égyptiens nous ont conservé le *nom solaire*. On lit en effet sur l'épaule et sur le dos de notre personnage et son nom à lui et les *noms d'épervier* de trois souverains au culte desquels il était attaché. Il semble résulter de la place que l'un d'eux occupe peu avant Sanofraouî, sur la pierre de Palerme, qu'on doit les ranger dans la IIIe dynastie, et c'est en effet vers le milieu de cette dynastie que j'incline à reculer l'individu que notre statue représente. Une

Fig. 1.

[1] Borchardt, dans la *Zeitschrift für Ægyptische Sprache und Alterthumskunde*, 1898, t. xxxvi, p. 1-18.

légende tracée devant lui, sur le plat du socle, en caractères dont le contour
général s'enlève en un relief très fort, et dont le détail a été retouché à la
pointe rapidement, nous donne, avec une formule ordinaire de proscynème, ses titres et son nom. On peut la transcrire comme il suit en hiéroglyphes courants : 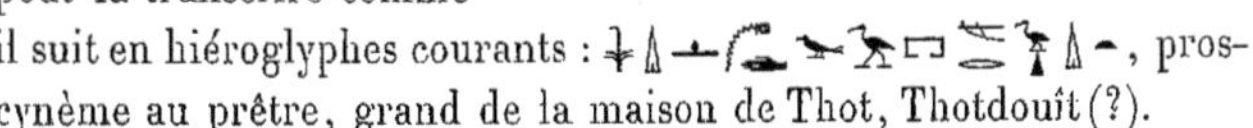, proscynème au prêtre, grand de la maison de Thot, Thotdouît(?).

Fig. 2.

La facture en est archaïque, mais plus grossière encore qu'archaïque. On sait quelles différences de technique et de style des
œuvres appartenant à un même règne peuvent offrir, selon qu'elles
ont été exécutées dans l'entourage même du souverain, dans une
grande ville policée ou dans une localité éloignée de la cour. Qui
dirait que certains mastabas de Sakkarah d'une finesse et d'une élé-
gance extrême et les rudes tombeaux d'Éléphantine sont contemporains, si les cartouches qu'ils contiennent ne nous apprenaient la date précise
de la construction? Il faut, pour apprécier l'antiquité relative d'un monument, tenir
grand compte de la localité d'où il provient et de l'importance qu'avait cette localité
au moment où il a été fabriqué. Memphis, ou la ville qui la précéda, était fort
obscure avant la V⁰ dynastie, et la royauté n'y résidait pas encore. On ne devra
donc point s'étonner si ses monuments sont plus rudes que ceux qu'on découvre
dans les cités où le Pharaon fréquentait, à Thinis-Abydos ou à Kom el-Ahmar
par exemple, et ce serait une erreur, les comparant avec les bas-reliefs soignés
de Khâsakhmouî ou avec les palettes dédiées par Besh, de conclure de leur infé-
riorité qu'ils sont beaucoup plus vieux que ces derniers objets. Notre statue est une
œuvre provinciale, et peut-être son imperfection est-elle moins un indice d'antiquité très reculée qu'une preuve de la gaucherie des artistes qui vivaient alors
dans le nome Memphite.

L'inscription du dos, celle qui nous a conservé les trois noms d'épervier a
été reproduite par *J. DE MORGAN, Recherches sur les Origines de l'Égypte primitive,*
t. II, p. 253, fig. 852. — *N° d'entrée 34557.*

PLANCHE XIV.

Bois, hauteur 0 m. 60 cent. Statue de femme, dont il ne reste que la tête
et le torse. Elle fut recueillie par Mariette, dans le tombeau même où il dé-

couvrit la statue du *Cheikh el-beled*, et elle passe pour représenter la femme de ce personnage, ce qui est assez vraisemblable. Elle est reproduite dans *Maspero, Archéologie Égyptienne*, p. 210.

PLANCHE XV.

A. Stèle en calcaire, haute de 0 m. 52 cent., large de 0 m. 40 cent., découverte à Gournah en 1887. Deux personnages de la même famille, le *Domestique d'Amon, Houî* et le *Prêtre Suppléant, Smantaouî*, adorent à gauche le roi Ahmosis I et la divine épouse d'Amon, Ahmasi Nofritari, à droite Aménophis I et la divine épouse d'Amon, Ahmasi Nofirari (*sic*), c'est-à-dire d'un côté le mari et la femme, de l'autre le fils et la mère; dans le second groupe, le nom de la reine est écrit avec une variante qui provient certainement d'une erreur du scribe. — *N° d'entrée 27573.*

B. Stèle en grès, haute de 0 m. 50 cent., large de 0 m. 42 cent., découverte à Louxor, en 1887, et consacrée sous le règne de Tibère Auguste. L'empereur y était représenté sur la gauche, debout devant l'autel, mais la figure est détruite et il n'en subsiste plus que les jambes; il accomplissait l'offrande à Amonrâ et au Minou ityphallique. L'inscription contient des allusions aux restaurations qui avaient été faites dans le temple, et que le scribe attribue naturellement à l'empereur. — *N° d'entrée 27814.*

PLANCHE XVI.

Stèle en grès, haute de 0 m. 71 centimètres, large de 0 m. 68 cent., découverte à Gébéléîn, en 1877. La stèle, de travail grossier, représente une façade de naos encadrée entre deux colonnes, et surmontée d'une frise d'uræus. Deux registres, enfermés dans ce cadre, montrent un roi coiffé de la couronne rouge et adressant l'offrande à six divinités; les cartouches et les lignes destinées aux légendes sont vides. Sur le socle, une inscription de deux lignes, en grec, nous apprend que, l'an XII du seigneur Trajan, le 13 du mois de Tybi, un certain Nékhouthês, fils de Pétéarouêris, dédia cette stèle à la très grande Isis du nome de Pathyris. Pathyris ou Pi-hathor est le nom égyptien de la petite ville que les Grecs appelaient Aphroditêspolis, et à laquelle Gébéléîn a succédé[1]. — *N° d'entrée 27572.*

---

[1] L'inscription a été publiée par M. Daressy dans le *Recueil de Travaux*, t. X, p. 140.

PLANCHE XVII.

Stèle en calcaire, haute de 1 m. 05 centimètres, large de 0 m. 88 cent.,
découverte à Akhmîm en 1887, dans un tombeau ruiné. Les débris d'un sarcophage carré l'accompagnaient, sur lequel on lisait encore le nom d'Antouf, bien
que la sépulture eût été usurpée plus tard et accommodée aux besoins d'un autre
personnage [1].

Le travail de la stèle est très soigné et très délicat, bien qu'un peu enfantin
par endroit. On voit dans le cintre, à côté des vases et des sacs qui contiennent
les parfums et les fards canoniques, une large cuve plantée de fleurs. L'inscription n'est qu'un extrait de la principale des formules funéraires en usage à Abydos
et dans l'Égypte du Sud, au temps du premier empire thébain, celle qu'on lit
complète sur la *Stèle C 3 du Louvre*, par exemple. Elle est dédiée au seigneur
d'Akhmîm, *chef des prophètes des animaux sacrés, et des servants et servantes* du
dieu Mînou adoré dans cette ville, *prince du nome Panopolite*, Antouf, fils de
la dame Boutou, et à sa femme Didit, fille de la dame Didit. Ils sont assis l'un
et l'autre sur un siège à deux places, devant un monceau d'offrandes que leurs
enfants leur donnent. Comme la plupart des familles égyptiennes, celle-là était
nombreuse. Elle ne comptait pas moins de sept enfants encore en vie au moment
de l'érection du monument, trois fils Khomîtou ⸺, Sovkounakhît ⸺,
Didioumînou ⸺, dont l'aîné commandait les troupes du nome, et quatre
filles : Boutou ⸺, Didit ⸺, Aît ⸺, Hondoudou ⸺. Au bas de
la scène, un boucher découpe une victime, et différents domestiques apportent
les parures du mort et ses offrandes, la suivante Boutou ⸺ une caisse
de linge, des colliers, des sandales, un flacon de parfums, l'ouvrière Sîtminon
⸺ une autre caisse avec des parfums et des bijoux, l'ouvrier Nakhîti
⸺, et le chef de place Anhourihotpou ⸺ une sellette avec des
liqueurs et des fleurs, ainsi qu'une marmite pleine de viande et de volaille, et
le boulanger Nakhîti ⸺ un chaudron plein de viandes avec un plat
chargé de gâteaux et d'une tête de veau. — *N° d'entrée 27574.*

PLANCHE XVIII.

Stèle en calcaire, haute de 0 m. 82 cent., large de 0 m. 57 cent., découverte
à Gournah en 1887. Elle fournit un bon spécimen de l'art thébain sous les

[1] Grébaut, *Notice sommaire des Monuments exposés*, 1892, n° 6451, p. 77-78.

premiers Antouf, contemporains de la IX⁰ et de la X⁰ dynasties Héracléopolitaines. Le détail en est ciselé avec une minutie qui n'a d'égale que la gaucherie
de l'ouvrier. Les lignes à l'encre qui ont servi à diriger le dessinateur et à carrer
les groupes n'ont pas été effacées, mais le ciseau du sculpteur n'a pas été aussi
habile que le calame de l'écrivain, et les hiéroglyphes sont semés assez
irrégulièrement entre les lignes; même le signe ⸱, *fils*, n'a pas été transcrit
et il est rendu par sa forme hiératique à peine régularisée. Ainsi que l'inscription, les deux figures du défunt et de sa femme ont été esquissées sur un réseau
de lignes à l'encre encore visibles. La mise au carreau, assez lâche pour le
buste et pour les membres, devient d'une finesse extrême pour la tête; le profil
est divisé perpendiculairement en huit parties égales, du bas de la coiffure à
la naissance du cou. Le monument est donc des plus intéressants pour l'histoire
du dessin en Égypte.

Le mort était un certain Anouîtouf, dont les titres ne sont pas énumérés. Le
texte de la cinquième ligne ⸱ pourrait faire
croire qu'Anouîtouf était fils d'un autre Anouîtouf et petit-fils de Khouou, mais celui
du tableau final montre qu'il était fils de Khouou, et que la répétition de ⸱
⸱ à la ligne cinquième est une erreur du scribe. La formule roule sur un
thème banal, mais elle présente quelques particularités de rédaction curieuses :
«O vivants qui êtes encore sur terre, qui aimez la vie et qui détestez le trépas,
quand vous passerez en ce tombeau, comme vous voulez aimer la vie et détester
le trépas, si vous m'offrez de ce qui est avec vous, ce sera bien; mais, si vous
n'avez rien avec vous, vous n'aurez qu'à me dire de votre propre bouche : *Milliers
de pains, de liquides, de gâteaux, de bœufs, d'oies, d'étoffes, milliers de toutes choses
pures au double du féal, fils d'Anouîtouf, fils de Khouou, fils d'Anouîtouf.* Car j'ai
donné du pain à l'affamé, des vêtements aux nus, et j'ai convoyé ceux qui
avaient fait naufrage, sur mon propre bateau, moi-même. J'ai été, moi, l'*homme
au collier* de mon maître, son favori authentique, son ami de cœur, j'allais en
toutes ses places secrètes et je rendais compte à mon maître de toutes ses
affaires. » — *N⁰ d'entrée 27643.*

PLANCHE XIX.

Beau sarcophage en bois, long de 2 mètres, découvert en 1888, dans la
chaîne Libyque, un peu au nord du Caire, non loin du petit village d'Ouardân.
Le style indique la période saïte ou plutôt les débuts de la période Ptolémaïque. La tête est d'un travail très soigné, et l'expression n'est nullement

gâtée par la chûte d'un petit morceau de bois sur lequel le sourcil de l'œil gauche était sculpté. C'est évidemment un portrait, celui d'un certain ▪⌐⌐ Psammétique, fils de Harnaparitisit, né de la dame Aloukasi, surnommée Amenaritisit. Le nom de la femme, dont la variante se lit ⌐⌐, a une tournure étrangère; peut-être est-il libyen ou grec. L'ornementation est très sobre; une couffiéh à raies longitudinales enveloppe la perruque et porte, gravée à plat sur le revers du cercueil, un grand emblème de la déesse Amentit ⌐, l'Occident protecteur des morts. Autour du cou, un large collier s'arrondit, fixé aux épaules par les têtes d'épervier traditionnelles. Sous le collier, la déesse Nouît, accroupie, coiffée du disque solaire qui enferme son nom ⌐⌐, allonge sur la poitrine ses deux bras frangés de plumes et ses deux mains qui agitent chacune une plume de Vérité; deux petits proscynèmes se développent en colonnes sous l'extrémité des ailes. Le long texte, qui couvre le devant de la gaîne comme une sorte de tablier, est celui qu'on rencontre à la même place sur les cercueils et sur les sarcophages anthropoïdes de cette époque, le chapitre LXXII du *Livre des Morts*. Les hiéroglyphes sont gravés avec soin, et l'on remarque, à travers les fautes, une variante graphique curieuse, ⌐ la statue accroupie, à côté de ⌐, pour le pronom de la première personne du singulier, ainsi ⌐⌐ au lieu de ⌐⌐. — *N° d'entrée 28455.*

PLANCHE XX.

Les trois petits monuments reproduits sur cette planche sont présentés comme étant originaires de Coptos. Ils ont été achetés en effet à des indigènes qui ont indiqué, les ruines de cette ville comme lieu de provenance.

Cette indication est très probable pour la tête du Pharaon Ramsès IV, identifié avec le dieu Ptah Khopri, dont il porte le scarabée sur la tête en guise de coiffure (Grès, haut. 0 m. 19 cent. *N° d'entrée 27635*); un fragment de légende, gravé sur le dos, conserve le nom d'Horus du souverain ⌐⌐.

L'indication de provenance est certaine pour le fragment de groupe qui porte le cartouche d'un Ramsès de la XX° dynastie (Schiste noir, haut. 0 m. 17 c. — *N° d'entrée 27550*). Le personnage qui avait dédié le monument est en effet un certain Amenemanit, *chef des prophètes* et *premier prophète* de la déesse Isis, la dame de Coptos; de plus, les débris du proscynème attribuent au Ramsès qui y était nommé l'épithète *aimé de Mînou le Coptite*, et ils qualifient les dieux invoqués de *résidents dans Coptos*. Le groupe, qui est d'un travail sommaire, se composait de trois personnages. Le dieu Minou, momifié, était assis sur un siège, et à côté de lui Isis siégeait, vêtue de la robe longue, la main gauche à plat sur les genoux, le bras droit passé probablement au cou de son mari. A la droite, le roi se tenait debout, en troisième personnage de la triade. Le buste des trois personnages a disparu. Un tenon, taillé rudement sous la base, servait à encastrer le groupe sur un socle de pierre aujourd'hui perdu.

Il n'est pas aussi certain que le troisième morceau appartienne à la même localité. C'est un fragment de mosaïque en terre et en pierre émaillées (*n° d'entrée* 27525), représentant un prisonnier asiatique, les bras liés derrière le dos. La planche est venue floue, et l'on n'y peut guère distinguer la couleur des divers émaux par les valeurs relatives des parties du dessin; on relève sur l'original jusqu'à six tons différents, tous assez bas, crême, rose pâle, violet ou gris léger, rouge et jaune à peine sensibles, noir. Le faire m'en paraît être identique à celui des prisonniers analogues que le Louvre et le Musée de Gizeh possèdent déjà, et qui proviennent de Tell el-Yahoudîyéh. Le fragment acquis par M. Grébaut mesure o m. 31 cent. à peine de haut sur o m. 075 mill. de large, et il peut être aisément porté à la main; les deux morceaux dont il se compose ont été acquis de deux marchands différents. Des monuments beaucoup plus considérables que celui-là voyagent d'un bout de l'Égypte à l'autre sur les bateaux des fellahs; j'ai vu souvent un marchand d'antiquités indigènes m'offrir à Louxor, comme trouvé récemment dans cette ville, un objet qu'un bédouin des Pyramides m'avait voulu vendre au Caire six mois auparavant, comme découvert au Fayoum. Coptos est un nom que les fellahs de la Haute-Égypte invoquent, de la même manière que ceux de la Basse-Égypte le Fayoum, pour toutes les antiquités dont on leur demande la provenance. Je crains bien que le fragment d'émail acquis et publié par M. Grébaut ait été ramassé dans les ruines du temple de Ramsès III, à Tell el-Yahoudiyéh, comme les autres fragments de même style que nous connaissons.

PLANCHE XXI.

Sarcophage en superbe granit rose, haut de 1 m. 33 c., long de 2 m. 5o c., découvert par Mariette dans le tombeau d'un certain Khoufouî-ânkhou, près des grandes Pyramides de Gizeh. Comme le sarcophage est la maison du mort, l'ouvrier a taillé la cuve en la forme d'une maison princière du temps : il a dessiné une porte au milieu de chaque côté long, et tracé de chaque côté de la porte trois longues rainures longitudinales, terminées par un ornement de deux tiges entrecroisées de lotus en fleur. La légende verticale qui encadre cette façade nous donne le nom du personnage [hiéroglyphes], l'homme au collier du roi, Khoufouï-ânkhou. La façade représentée sur l'autre côté long est un peu plus basse; on y a ménagé la place d'une bande d'hiéroglyphes, au-dessus de la frise de branches de palmiers qui surmontait la corniche alors, comme aujourd'hui encore dans beaucoup de maisons du Saïd, si bien que la façade entière est encadrée d'inscriptions sur trois de ses côtés, d'abord en une colonne verticale le titre principal et le nom du défunt [hiéroglyphes], puis sa fonction de [hiéroglyphes][1].

Le même motif décore les côtés courts. Sur celui qu'on aperçoit en raccourci dans notre planche, le panneau de rainures est encadré de trois bandes d'hiéroglyphes. L'une, horizontale, commence à l'extrémité droite [hiéroglyphes]; la seconde, verticale, continue la première, à gauche par [hiéroglyphes]. On lit, parallèlement à celle-ci, de l'autre côté du panneau [hiéroglyphes]. Sur le côté opposé on trouve, dans la ligne horizontale [hiéroglyphes], puis, à droite, en une colonne verticale [hiéroglyphes] (sic) [hiéroglyphes] et, à gauche [hiéroglyphes] (sic) [hiéroglyphes].

Le couvercle, arrondi en dos d'âne dans sa longueur, se termine par deux massifs rectangulaires, desquels jaillissent les deux saillies qui servirent à le manœuvrer pour le mettre en place. Sur chacun des côtés longs une ligne d'inscription court, à gauche un proscynème au dieu Anubis : [hiéroglyphes], à droite, un second proscynème au même Anubis : [hiéroglyphes]. Ce sarcophage a été publié par Prisse d'Avennes, *Histoire de l'Art Égyptien*, puis le dessin de la façade principale par Maspero, *Archéologie Égyptienne*, p. 23; l'inscription a été reproduite par E. de Rougé, *Recherches sur les Monuments qu'on peut attribuer aux six premières dynasties de Manéchon*, p. 51, et par E. et J. de Rougé, *Inscriptions hiéroglyphiques*, pl. IV.

PLANCHE XXII.

Stèle en calcaire blanc, haute de 2 m. 35 cent., large de 1 m. 07 cent., achetée par M. Grébaut en 1887 et découverte au Nord de la Pyramide à degrés

[1] Le | qui revient par intervalle n'est qu'un trait de séparation entre deux membres de phrase.

de Sakkarah. Une corniche peinte aux couleurs réglementaires la surmonte, un tore épais en encadre le champ, qui est blanc, et sur lequel les hiéroglyphes se détachaient en bleu. C'est la forme ordinaire représentant le tombeau, divisé en ses deux parties dans le haut la chambre même où vit le mort, dans le bas la façade où s'ouvre la porte qui conduit à cette chambre, somme toute la même idée et la même figure que l'on retrouve au début, pour le souverain, dans la composition de ce que l'on a appelé longtemps *le nom de bannière*.

La partie qui répond à la chambre du mort se décompose en quatre morceaux. Au sommet, le maître est représenté debout, le bâton de commandement à la main, dans l'attitude du seigneur qui reçoit l'hommage des vassaux et l'apport des tributs. Le proscynème tracé devant lui, en trois lignes horizontales terminées par une colonne verticale, annonce en effet que le repas funéraire et l'apport d'offrandes qu'il comporte doivent avoir lieu aux fêtes principales, fêtes du commencement des saisons, fête de Thot, fête des morts à l'Ouagaît, fête du début de l'année, fête de Sokaris, fête de chaque saison, procession de Mînou, fête du mois et de la quinzaine, toutes les fêtes excellentes à jamais, pour le féal Hosousi. Sous ce registre, on voit à droite et à gauche Hosousi lui-même, à qui son fils, l'inspecteur des scribes royaux, Shoushouî, offre l'oie puis la cassolette à parfums. Au centre, sur un panneau en retrait, séparé des panneaux latéraux par une rainure profonde pour mieux marquer l'isolement dans lequel le mort se trouve, on aperçoit Hosousi assis devant une table qu'entourent des amas de provisions; c'est le repas funéraire qui lui arrive, qui *sort* pour lui *à la voix* du fils qui officie.

La partie qui répond à la façade montre la porte avec son linteau, ses deux montants, ses chambranles rabattus sur champ pour recevoir leur décoration d'hiéroglyphes, mais placés en retrait afin de bien faire comprendre à l'Égyptien, accoutumé aux lois de la perspective contemporaine, la place qu'ils doivent occuper, puis la baie de la porte, surmontée du tambour arrondi, mais fermée afin d'interdire aux vivants l'accès de la chambre située par derrière et où le double vivait. Chacune de ces subdivisions a reçu son ornementation canonique. Sur le bandeau plat et sur les deux montants du cadre, les proscynèmes ordinaires à l'adresse d'Anubis et d'Osiris en faveur de Hosousi; sur les deux chambres, la liste des titres de ce personnage, son état civil qui lui assure dans l'autre vie la possession d'un rang identique à celui dont il jouissait dans celle-ci. Les inscriptions se reproduisent textuellement sur les deux montants et sur les deux chambranles, si bien qu'on lira aisément les parties du montant et du chambranle de gauche, mal venu sur notre planche, en s'aidant des portions correspondantes du montant et du chambranle de droite. Au bas, les deux fils du mort, Sha-shouî et Atouî, sont debout devant leur père, et lui présentent le premier l'oie, le second la cassolette de parfums. C'est le rappel des cérémonies accomplies dans la chapelle devant la stèle même, et qui fournissaient au mort les provisions nécessaires à sa subsistance. Le tambour et la baie ne portent aucune inscription.

Hosousi avait des fonctions importantes à la cour d'un Pharaon memphite, et, d'après le style général du morceau, ce Pharaon appartenait à la Vᵉ dynastie, mais nous ne savons pas lequel. Il était de ceux qu'on appelait les *Premiers sous le roi*, directeur de tous les travaux du roi, chef du secret de tous les ordres royaux, scribe royal, directeur des deux greniers et des deux maisons blanches du Nord et du Sud, directeur du Service des chasses sur l'eau, directeur des fonds ordonnancés dans tous les travaux accomplis sous les yeux même du roi. C'était une position de confiance. — *Nᵒ d'entrée 34568.*

PLANCHE XXIII.

Stèle en calcaire, haute de 3 m. 02 cent., large de 2 mètres, à laquelle manque la corniche terminale. Elle a été tirée par M. Grébaut, en 1888, du mastaba d'Ankhafouîtka, découvert par Mariette à Sakkarah en 1861. Elle représente les deux parties du tombeau, comme la précédente, mais avec une variante fréquente. La chambre funéraire, au lieu d'occuper la partie supérieure tout entière, est réduite au seul panneau isolé où le repas funéraire est inscrit. Ankhafouîtka est assis à la gauche de la table, et sa femme Nofirhotpousi siège en face de lui, à la droite. Les offrandes ne sont pas figurées, mais indiquées sous la table par la quantité et par le nom, mille vases de liqueur, mille pains, mille oies, mille bœufs, mille gazelles, mille pièces d'étoffes, mille habits, tandis qu'au-dessus, l'eau, l'encens, les essences et les fards canoniques sont énumérés dans leur ordre habituel. En revanche, la façade s'est agrandie et a englobé presque toute la partie réservée à la chambre. Les deux montants de la porte se sont prolongés jusqu'au haut, et le linteau passe par dessus le panneau isolé; toutefois, les chambranles et le linteau forment une seconde porte plus petite, au milieu de laquelle la baie s'ouvre, surmontée de son tambour rond. C'est une de ces entrées de tombeau, telles qu'on les voit à Sakkarah, où la porte proprement dite est pratiquée au fond d'une niche ou d'un petit portique orné. La décoration se modifie naturellement de la même manière. Le linteau supérieur nous montre la figure assise d'Ankhafouîtka, et, devant elle, les titres du personnage en deux lignes horizontales. Les deux montants contiennent les proscynèmes, tous les deux adressés au chacal Anubis. La petite porte intérieure étale au linteau la même image, puis les mêmes titres qu'au linteau supérieur, en deux lignes également, mais moins nombreux, l'espace étant plus restreint ; sur les montants, les titres s'entassent avec prolixité. Le nom du mort et son titre principal se lisent sur le tambour, et le fond de la baie est rempli par la pancarte des offrandes : c'est l'indication rituelle des objets déposés devant la stèle sur la table en pierre, et qui, passant par prestige à travers la porte fermée aux vivants, vont alimenter le mort et sa femme installés au tableau supérieur. Chacun des quatre panneaux formés par les montants de deux portes s'achève en bas par l'image du défunt. Aux deux extrémités, sur les pieds droits de la porte extérieure, sa femme Nofirhotpousi l'accompagne, avec leur fille Noubirît à droite et leur fille Khouit-honît à gauche ; sur les pieds droits de la porte intérieure, Nofirhotpousi fait défaut, mais Ankhafouîtka est accompagné de ses deux fils, son ainé Ankhafouîtka à droite, et Kadnas à gauche.

Ankhafouîtka avait de nombreux titres religieux et civils. Il était ami, surveillant du palais, maître du secret de la chambre d'adoration, où le roi paraissait pour son grand lever et achevait de revêtir ses insignes et ses couronnes avant de se montrer au commun des courtisans et au peuple, chef des proscynèmes du Chateau de Vie, c'est-à-dire du palais et du tombeau, prophète de l'Horus et administrateur du vignoble céleste, c'est-à-dire chargé de fournir à la chapelle royale ces amphores de vins qu'on retrouve à la centaine dans les tombes archaïques d'Abydos. Il était en plus directeur du lac de plaisance de Pharaon, directeur des essences et des habits, habilleur royal ⳾, prêtre de Râ dans le sanctuaire du Pharaon, inspecteur des prêtres de la pyramide *Ouâbou-saouttou* du roi Ousirkaf, prêtre de la pyramide *Khâbai* du roi Sâhourî : sa femme avait les titres des grandes dames de l'époque, cousine royale, prophétesse de l'Hâthor memphite, dame du Sycomore, prophétesse de Nit qui vit au Nord du mur ⳾, la Nit memphite dont le temple était situé au Nord du Mur Blanc, tandis que le temple de Ptah s'élevait au Sud de cette fortesse ⳾. C'étaient donc de très grands personnages, et les sacerdoces dont le mari est investi prouvent qu'ils vivaient dans la première moitié de la V⁰ dynastie. — *N° d'entrée 15132 bis.* Ce numéro fut attribué au monument dans le moment de la découverte ; il en a reçu deux autres lors de son entrée au Musée, les n°ˢ 28506 et 28820.

PLANCHES XXIV-XXV.

Les deux stèles qui occupent les planches XXIV et XXV représentent deux variantes très rares, mais très instructives, de la stèle funéraire. Dans l'idée de l'Égyptien, une fois que l'officiant et les vivants s'étaient retirés de la chapelle, laissant l'offrande empilée sur la table de pierre ou éparse sur le sol devant la stèle, le *double* du mort sortait par la porte close et descendait dans la chambre, afin de recueillir ce qui lui plaisait le mieux du sacrifice. Trois monuments, uniques jusqu'à présent, donnent un corps à cette conception et nous permettent d'en saisir l'exécution aux divers moments qu'elle comporte. Le premier, la stèle de Marîrouka, est encore en place à Sakkarah, dans le tombeau où M. de Morgan l'a découvert, mais on le verra reproduit dans mon *Histoire Ancienne des peuples de l'Orient classique*. Le *double*, taillé en rondebosse, sort de la porte et, le pied posé en avant va descendre l'escalier de quelques marches qui le mène à la chapelle [1]. L'artiste égyptien a merveilleusement rendu le mouvement de sa statue : à la lueur trouble des lampes qui éclairaient la cérémonie, les assistants devaient avoir la sensation d'une présence réelle du mort au milieu d'eux.

Planche XXIV. — La stèle, haute de 1 m. 34 cent., large de 1 m. 13 cent., qui est reproduite sur la planche XXIV, n'a pas la valeur artistique de la stèle de Marîrouka. C'est le style médiocre de la Ve dynastie, médiocrement interprêté par une main provinciale. L'agencement des parties y est le même que sur la stèle d'Akhafouîtka : porte extérieure, dont le linteau et les montants ne portent chacun qu'une seule ligne ou une seule colonne d'hiéroglyphes, les trois proscynèmes du roi et d'Anubis en l'honneur du directeur des maisons des fileuses? directeur de la table royale et d'une des barques du Pharaon, Noutirnofir ; panneau isolé, où le mort et sa femme, assis à table, s'y partagent les parfums et les provisions du sacrifice ; porte intérieure, avec son linteau plat où sont inscrits de nouveau les titres et qualités de Noutirnofir, ses deux montants, où sont figurés à gauche Noutirnofir et son fils Khâoumhosouf, investi des mêmes dignités que lui, à droite, la dame Nofirhotpousi, cousine royale et sa fille Ousirîtka.

Le nom du mort est gravé sur le tambour cylindrique, et, dans la baie, le mort lui-même est représenté faisant saillie. Il est de face, la tête haute, le buste droit sur les hanches, les deux bras tombants, les deux pieds rapprochés l'un de l'autre sur le même plan. Il ne marche pas, comme Marîrouka, mais il reste immobile, attendant que la cérémonie soit terminée et la salle vide pour se mettre en mouvement. Le socle sur lequel il se tient fait saillie en avant du champ de la stèle, et la façade tournée vers le spectateur en est brute ; un autre

[1] Maspero, *Histoire Ancienne des peuples de l'Orient classique*, t. I, p. 253.

bloc s'y accotait qui complétait le monument, peut-être l'escalier de Marîrouka, peut-être une table d'offrandes. — N° d'entrée 28489.

Planche XXV. — Cette stèle n'est point de la même époque et ne provient pas de la même localité que la précédente. Elle date du nouvel Empire thébain; elle a été découverte en 1894 à Sedment, dans la Moyenne Égypte, et acquise par M. de Morgan pour le Musée. Elle a encore la forme rectangulaire, et elle est surmontée de la gorge ordinaire; c'est toujours une porte, la porte de la maison du mort, mais les dispositions architecturales des temps Memphites n'y sont plus indiquées, et le linteau ainsi que les deux montants y sont décorés d'inscriptions et de bas-reliefs nouveaux. Le linteau a reçu un motif fréquent sur les stèles cintrées : au centre, le vase et l'eau, représentée par deux lignes ondées seulement au lieu de trois, puis le sceau, superposés; à droite et à gauche les deux *ouzatt*, et, leur tournant le dos, les deux chacals, Anubis dans les bandelettes, Anubis chef du pylône divin, yeux et chacals posés sur des socles en forme de naos. Sous cette scène, et dans une même ligne, deux proscynèmes affrontés, se rencontrent au milieu de la porte; à droite, un proscynème à Osiris dieu grand, régent de l'éternité, pour qu'il donne le souffle de vie au supérieur des servants, Nibari; à gauche, un proscynème à Osiris, pour qu'il donne toutes les choses bonnes et pures à la dame Nofirhophtah. Chacun des montants porte trois registres superposés. A gauche, au premier registre, un proscynème à Osiris, régent de deux terres, en faveur de la dame Aîtié, debout devant le dieu; au second registre, la même dame Aîtié, assise et héroïsée, reçoit l'offrande d'un homme, son fils probablement; au troisième, le père divin de Sovkou dans Shodît, Atonou et sa femme reçoivent les essences canoniques de leur fille Roua. A droite, au premier registre, le proscynème est dédié à Osiris en l'honneur du mort lui-même ; au second registre, le mort et sa femme assis recevaient l'hommage d'une de leurs filles, mais les légendes sont tellement frustes qu'on lit mal les noms; au troisième, le prêtre d'Harshafouîtou, Akhopirka, amène un veau et apporte des pains, le fils Tira apporte un plateau chargé d'offrandes, la fille un pain et un sachet de fard.

Tout cela n'est que banal, mais dans la baie, une sorte de barrière se dessine sur laquelle était tracée une inscription aujourd'hui détruite, puis, à l'endroit ou jadis on apercevait le tombeau et le plan de la chambre funéraire, la tête du mort s'enlève en fort relief, regardant dans l'espace par-dessus la barrière. Sur la stèle de Marîrouka, le mort était sorti et en marche pour descendre. Sur celle de Noutirnofir il est sorti, mais immobile, et il attend, avant de descendre, que les assistants se soient retirés, sur celle de Nibarî, il hausse la tête par-dessus l'obstacle qui le sépare du monde des vivants, et il assiste, presque entièrement caché encore, aux cérémonies d'offrandes qui se développent dans son tombeau. Ce sont trois moments différents de la même action. — *N° d'entrée 29198.*

PLANCHE XXVI.

Bas-relief sur calcaire blanc, haut de 1 m. 16 cent., large de 1 m. 50 cent., détaché du tombeau d'Ankhafouîtka; la grande tache blanche qu'on aperçoit au bas du dernier registre répond à une restauration moderne en plâtre.

Dans la partie supérieure Ankhafouîtka était assis devant l'offrande; le bloc du haut, qui a disparu, contenait le buste du personnage, la moitié au moins du tas d'offrandes et la légende du tableau. Sous Ankhafouîtka, dans deux registres superposés, on voit les musiciens et les danseuses dont les jeux égayaient son repas. Le premier registre montre successivement un joueur de flûte longue , qu'un chanteur accompagne en se frappant l'oreille de la main gauche et en claquant les doigts de la main droite, un joueur de double flûte courte, accompagné de chant et de claquement des doigts , enfin un joueur de harpe, avec ses deux accompagnateurs qui chantent et rythment le mouvement en claquant des doigts à la harpe . Les détails sont très soignés, et la position des doigts sur la double flûte nous révèle le doigté de l'instrument; le déterminatif du mot *matt* prouve nettement que ce mot signifie la *flûte double*. Au second registre les danseuses, jupon court, écharpe nouée aux épaules et à la taille, bonnet collant, exécutent leurs pas ordinaires sous la direction de deux chanteuses qui frappent dans leurs mains .

Le tout est fouillé d'un ciseau très minutieux, mais le style est médiocre; c'est l'œuvre d'un bon praticien, et rien de plus. Cfr. *Mariette, Les Mastabas de l'Ancien Empire,* p. 384. — *N° d'entrée 28504.*

PLANCHES XXVII-XXVIII.

Ces blocs en calcaire jaunâtre, hauts de 1 m. 15 cent., longs de 2 m. 65 cent., ont été découverts en février 1860 par Mariette, à Abydos, dans le tombeau d'Ouni, puis transportés par lui au Musée de Boulaq (*Mariette, Notice des principaux monuments,* 1896, n° 922, p. 280-281, et *Catalogue Général des Monuments d'Abydos,* n° 522, p. 84). L'inscription, publiée et analysée par *E. de Rougé, Recherches sur les Monuments qu'on peut attribuer aux six premières dynasties*, pl. VII-VIII, et p. 117-144, publiée de nouveau par *Mariette*, *Abydos*, t. II, pl. XLIV-XLV, traduite partiellement en français par *Maspero*, *Histoire Ancienne*, 4ᵉ éd., p. 81-85, en allemand par *H. Brugsch*, *Geschichte Ægyptens*, p. 95-102, a été rendue complètement en anglais par *Birch*, *Inscription of Una*, dans les *Records of the Past*, 1ˢᵗ series, t. II, p. 1-8. Erman en donna plus tard une édition nouvelle, avec version allemande et commentaire, *Commentar zur Inschrift des Una*, dans la *Zeitschrift*, 1882, p. 1-29, cf. *Ægypten und Ægyptisches Leben*, p. 688-692; une traduction anglaise en a été éditée par *Maspero*, *Inscription of Uni*, dans les *Records of the Past*, 2ⁿᵈ series, t. II, p. 1-10. — Nᵒ d'entrée 34570.

PLANCHE XXIX.

A. Dessus de porte en calcaire, haut de 0 m. 90 c., large de 1 m. 78 c., découvert en 1890, dans les ruines de la petite ville d'El-Hibéh, presque en face de Feshn.

Au centre, le cartouche prénom de Thoutmosis I se dresse, serré entre deux piliers qui représentent la fleur de papyrus puis la fleur de lotus, et qui supportent le premier le vautour du Midi, le second l'uræus du Nord; les deux divinités adressent un souhait d'une seule ligne au souverain. De chaque côté, le nom d'épervier du roi est inscrit, qualifié d'aimé de Sovkou, [hiéroglyphes] maître des vergers, ou plutôt maître du canton d'Arouïtou, c'est-à-dire probablement de la partie du XXVᵉ nome de la Haute-Égypte où el-Hibéh se trouve [1].

B. Ce fragment, détaché patiemment par Vassalli d'un mastaba de Méidoum appartenant à Norfirmâît et voisin de celui de Ráhotpou, date de la fin de la IIIᵉ ou du commencement de de la IVᵉ dynastie. Il représente des oies paissant dans des attitudes diverses. Les Égyptiens étaient des animaliers de première force; ils ne l'ont jamais mieux prouvé que dans ce tableau. Nul peintre moderne n'aurait saisi avec plus d'esprit et de gaieté la démarche alourdie de l'oie, les ondulations de son cou, le port prétentieux de sa tête et la bigarrure de son plumage. La muraille avait été enduite préalablement d'une couche mince de terre bien malaxée, puis égalisée à la planche; un lait de chaux avait été répandu à la surface, et c'est sur cette mince pellicule que l'esquisse avait été jetée. On comprend quelles difficultés présente l'enlèvement de peintures exécutées sur

[1] Cf. *Brugsch*, *Dictionnaire Géographique*, p. 64-65, où je ne vois enregistrées que des orthographes différentes de celles que notre monument emploie : [hiéroglyphes].

un fond aussi fragile, et l'on doit en savoir d'autant plus de gré à Vassalli
d'avoir réussi à nous conserver par son adresse ce chef-d'œuvre du vieil art
égyptien. — *N° d'entrée 34571.*

PLANCHE XXX.

Statue en grès, jadis peinte, haute de o m. 77 cent., découverte à Gournah
en 1889. Elle représente un scribe Aménôthès accroupi, les jambes entrecroisées.
Il est vêtu du jupon court, coiffé de la perruque en éventail. Il porte sur le dos
l'encrier de son métier, et l'une des palettes lui retombe sur l'épaule droite.
Une autre palette ovale, à deux godets pour l'encre noire et pour l'encre rouge,
est posée à plat sur son genou gauche. Il vient de s'en servir afin de tracer
sur le papyrus qu'il déroule une inscription en six colonnes, coupée en deux
parties inégales, 2-4, par le bras. Elle est très mutilée, et il n'en subsiste plus
que les signes suivants :

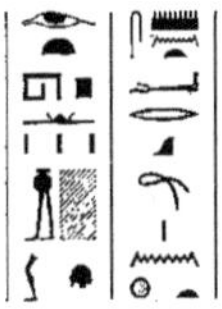

bras de la statue.

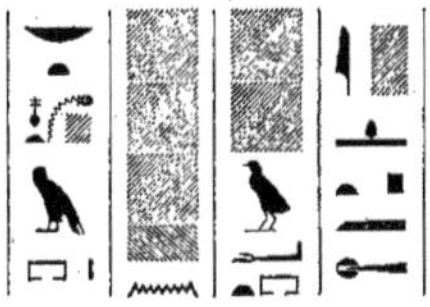

Un proscynème à Amon est tracé sur le plat du socle, en avant des jambes,
mais le début en a été martelé :

Le socle, rectangulaire par devant, est arrondi par derrière. Juste au sommet
de la courbe qu'il décrit un proscynème commence, qui court sur la tranche
gauche, se continue sur la tranche de devant, et s'achève sur la tranche droite, à
petite distance de son point de départ.

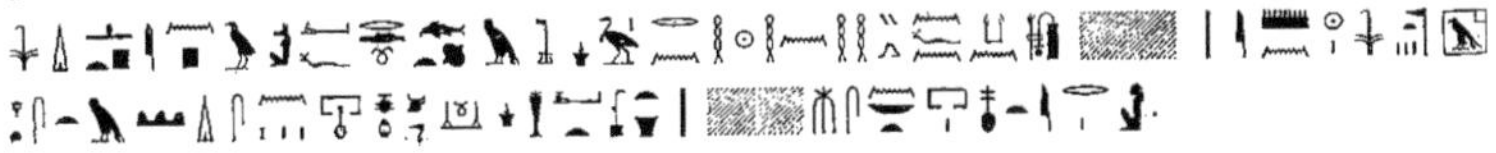

N° d'entrée 28827.

PLANCHE XXXI.

Restes d'une stèle en marbre blanc, provenant d'Alexandrie, haute de o m. 40 c.
Elle se composait à l'origine de trois morceaux ; un socle rectangulaire, portant
l'inscription, ΝΙΚΩΤΙΜΩΝΟΣΑΣΤΗ, un bas-relief encadré de deux petits piliers
et dont la base s'encastre dans le socle, enfin une pièce figurant un fronton

triangulaire analogue à celle qui couronne la stèle du devin Crétois (*Notice des principaux Monuments*, p. 112, n° 381); cette partie a disparu aujourd'hui.

Le bas-relief est d'une exécution hâtive. L'expression mélancolique de la face et la pose abandonnée du corps sont d'un effet heureux, mais le jeu des draperies est un peu artificiel et lourd, et le rendu du pied laisse à désirer. Le mouvement de la petite fille qui tend la lyre est juste, et le vêtement qui l'enveloppe tombe bien; le modelé de la tête et du bras est flou. Somme toute, un bon travail de praticien.

Le style du monument indique le IIe ou le Ier siècle avant notre ère, et c'est bien à la même date que la forme des lettres nous reporte.

PLANCHE XXXII.

On sait combien, à partir du premier siècle avant notre ère, la décoration des cercueils et des momies se modifia sous l'influence du goût alexandrin. Tandis qu'au Fayoum on remplaçait le masque traditionnel par un portrait, peint à la cire sur un panneau de bois qu'on fixait au-dessus de l'endroit où la tête de la momie se trouvait, ailleurs on conservait l'usage du relief, mais on substituait à la représentation osirienne du mort son buste vêtu de l'habit d'apparat. La technique en est curieuse. Toute la portion que la tête emboîtait avait pour substratum une ou plusieurs épaisseurs de toile grossière, tendues sur une légère carcasse en bois, bâtie de manière à figurer d'une manière générale la forme de la moitié supérieure de la momie. On répandait sur la partie correspondante à la poitrine une couche mince de plâtre fin ou de terre qu'on recouvrait d'un lait de chaux. Deux saillies médiocres levées symétriquement simulaient le sein des femmes d'une façon plus que sommaire, mais les parties du corps qui sont découvertes à l'ordinaire, les mains et la face, étaient exécutées avec un soin réel. On les préparait à part, et on les appliquait à l'endroit voulu, la main gauche allongée sur le creux de la poitrine, la main droite fermée, un peu au-dessus de la main gauche; on donnait au masque la ressemblance du vivant, autant du moins qu'on le pouvait, et, après l'avoir fixé solidement à sa place, on appliquait autour de lui les accessoires de coiffure, de toilette, ou de couronne que le modèle comportait. C'est en résumé l'un des types le plus fréquents des cercueils de l'époque pharaonique, mais adapté aux coutumes de l'époque ptolémaïque ou impériale, et interprété par des praticiens pénétrés des procédés de l'art gréco-romain.

Les deux masques, reproduits sur la planche XXXIII, proviennent de Mé'ir.

Ils appartenaient à des momies de femmes. Sans être des meilleurs que nous possédions, ils ne manquent pas d'une certaine grâce et témoignent d'une habileté réelle. A les étudier de près, on voit non seulement qu'ils sont de la même époque, le premier siècle après J.-C., mais qu'ils sortent du même atelier. La couronne est feuilletée de façon identique, les sourcils sont rendus par le même trait large, de couleur noirâtre, sur lequel on a jeté le même entrecroisement de lignes noires au petit pinceau, et tout le détail de la technique trahit sinon la même main du moins le même procédé. Il faudrait les imprimer en couleur pour en rendre la grâce un peu gauche et barbare; faute de reproduction coloriée, je veux essayer de donner l'indication des tons principaux que le peintre a employés pour les enluminer. Les chairs de la face et des mains sont d'un rose pâle, qui contient beaucoup de blanc; les plis et les contours des parties saillantes, au cou, à la bouche, au nez, aux oreilles, aux yeux, aux mains sont rehaussés d'un mince trait rouge vif. Les yeux sont d'une facture assez compliquée. Le globe en est décoré par une ligne d'un brun rouge sombre, qui accuse le bord libre des paupières; au-delà, la paupière elle-même est empâtée d'une large bande d'un bleu ardoisé tournant au noir, et qui simule la bande de kohol ordinaire. La cornée est d'un blanc franc; la pupille s'enlève en noir rouge sur l'iris d'un brun rouge sombre, le sourcil est accentué par trois lignes d'un noir bleu, deux à l'extérieur qui en précisent la courbure, un au milieu qui suit l'arête de l'arcade sourcilière. Une nuance d'un bleu ardoisé chez l'une, d'un vert bleuté chez l'autre, remplit l'intervalle, identique à celle qui enveloppe la paupière, et destinée comme elle à indiquer l'usage du kohol; un réseau léger de traits d'un rouge noirâtre s'enlève sur ce fond et exprime tant bien que mal l'ordonnance des poils. Les cheveux descendent assez bas sur le front en un bandeau frisoté, ondulé, d'un noir mat, au-dessus duquel la couronne s'élève avec ses fleurs d'un rose vineux sur le devant, et sur les côtés ses feuilles de saule et d'olivier qui passent du jaune sale au vert sombre, semblable à peu près comme composition à ces guirlandes des momies royales, où Schweinfurth a reconnu le *Delphinium Orientale* et le *Salix Safsaf*. La robe rouge est bordée autour du cou d'une petite bande bleue, et rayée de deux bandes perpendiculaires de pourpre qui encadrent la poitrine. La monture des bagues et des bracelets est frottée de jaune pour imiter l'or; les pierres des bagues sont d'un rouge chaud, grenat ou escarboucle, les perles des bracelets d'un noir violet, pour représenter l'hématite.

Le haut du cartonnage, à partir de l'endroit où cesse l'imitation de la figure humaine, est décoré des scènes ordinaires qu'on voit sur les sarcophages de cette époque; l'une d'elles a sur le haut de la tête le scarabée ailé.

PLANCHE XXIII.

Au moins vers la fin de l'Empire memphite et vers les débuts du premier
empire thébain, les personnages de haut rang dont les hypogées se succèdent
sur les deux rives du Nil, dans toute la Moyenne-Égypte, se plaisaient à détacher
les scènes variées de la vie courante qui couvraient d'ordinaire la muraille, et à
les figurer au moyen de statuettes en bois peint, isolées ou réunies dans une
action commune. L'ancien art memphite avait déjà eu la même idée, mais il
l'avait rendue à la façon grandiose et noble dont ses sculpteurs concevaient
les représentations les plus familières : c'est en calcaire et de grandeur demi-
naturelle qu'il avait représenté les broyeuses de grain, les brasseurs de bière, les
porteurs de sandales, les celleriers, les maîtres de la garde robe que notre Musée
possède aujourd'hui. L'art de la Moyenne-Égypte, préludant aux conceptions de
l'art thébain, s'enferma dans des limites plus étroites. Moins raffiné dans l'expression, et surtout moins habile dans la technique du métier, le bois lui prêta une
matière moins difficile à manier et en même temps plus économique; en l'em-
ployant de préférence à la pierre, il put fournir aux personnages qui s'adres-
saient à lui en plus grand nombre ou à meilleur compte les images funéraires
dont ils avaient besoin.

Quelque habitude locale ou quelque motif religieux peuvent-ils expliquer la
multiplicité de ces petits monuments à cette époque? Il semble bien que l'usage
en est fréquent surtout dans les nomes du centre, d'Akhmîm ou plutôt de Siout à
Héracléopolis la Grande, dans les contrées qui furent longtemps le siège des dynasties héracléopolitaines; toutefois, avant de déclarer qu'il leur est propre, il
faudrait avoir découvert plus de tombeaux intacts de cette époque dans les
autres régions de l'Égypte. On a des exemples des barques et des porteurs
d'offrandes en bois pour Memphis et pour Thèbes, vers la XIe et la XIIe dynasties;
si l'on n'y a pas rencontré encore tous les autres objets du même genre, cela tient
aussi bien peut-être à la mauvaise chance des fouilleurs qu'à une particularité
de la coutume locale. C'est donc sous toutes réserves que j'émets ici mon
opinion et que je propose de considérer cet usage, sinon comme particulier à la
Moyenne-Égypte, du moins comme plus répandu chez elle que dans le reste du
pays. J'ajouterai, également sous toutes réserves, qu'il me paraît tenir à certaines tendances religieuses de la population. La Moyenne-Égypte, autant que
j'en puis juger par ce que j'en ai vu, semble avoir conservé longtemps, sur les
choses de la vie d'outre-tombe, des conceptions plus rudes que la Thébaïde propre

ou le Delta. Tandis que les Memphites et les Thébains, raffinant leur idée, ont estimé de bonne heure que la consécration rituelle était assez puissante pour animer les figures plaquées sur la muraille des tombeaux ou sur les parois des cercueils, et pour leur donner la liberté de mouvement nécessaire à leur fonction, ceux de la Moyenne-Égypte n'étaient pas tellement certains de son efficacité qu'ils ne jugeassent prudent de remplacer ou de doubler les scènes en bas-relief de scènes en ronde-bosse, où les personnages et les objets, dégagés et isolés, leur paraissaient mieux en état de servir ou d'agir. On peut croire que, pour les Memphites, c'était surtout le *double* des bas-reliefs qui était soumis au *double* du mort; pour les gens de la Moyenne-Égypte, c'était peut-être le corps de bois lui-même qui remuait et qui travaillait pour le corps du mort, et qui avait un rôle analogue à celui que les *ouashbatiou* conservèrent jusqu'à la fin. Commander l'exercice à des soldats de bois tout détachés de la muraille et bien définis leur semblait sans doute plus facile que d'être obligés de les détacher eux-mêmes et de les faire descendre du bas-relief sur lequel ils étaient appliqués avant de les avoir libres à leur disposition. De même pour les barques, de même pour les scènes de cuisine, de labour et de métiers divers; ainsi indépendantes, elles lui paraissaient mieux fournir à ses besoins, que lorsqu'elles étaient liées à la muraille.

Planche XXXIII. — Le caractère belliqueux de la société féodale, vers la fin de l'Empire memphite et sous le premier empire thébain, n'est nulle part plus évident que dans les tombes de la Moyenne-Égypte. Les princes du Laurier-Rose, de la Gazelle, du Chacal, du Lièvre, du Térébinthe, sans cesse en guerre l'un contre l'autre ou contre le souverain, pour la possession des grasses campagnes qu'arrosaient les deux Nils parallèles, entretenaient des armées relativement nombreuses, et dans les cadres desquelles toute la population valide venait prendre place en cas de besoin. Dès les temps de la VIIe et de la VIIIe dynasties, les tombeaux de Deshashèh nous montrent l'assaut d'une ville. Vers la IXe et la Xe dynasties, ceux de Siout contenaient de longs récits de guerre et des représentations de soldats en marche, et sous la XIe et la XIIe dynasties, à Béni-Hassan et à Berchèh, ce ne sont, sur les murailles des hypogées, qu'exercices pour assouplir le corps, scènes de batailles, relèvements de blessés et de morts, sièges de forteresses. La tombe qui nous a livré les deux bataillons représentés en masse sur la planche XXXIII, était située dans la montagne de Siout, et elle renfermait probablement la momie d'un des princes de cette ville. Elle fut découverte et pillée en 1895 par des fouilleurs indigènes, mais une partie des objets qu'elle

renfermait, signalée à Mohammed effendi Dohéïr, qui est actuellement l'un
des inspecteurs du Service, fut rançonnée par M. de Morgan pour la somme de
400 L.E. Les officiers étaient placés sur des supports isolés; l'un d'eux au moins
a été acheté par un Anglais, et doit se trouver actuellement dans quelque
collection particulière.

Le bataillon de droite représente l'infanterie de ligne, les piquiers; le bataillon de gauche l'infanterie légère, les archers. Ils avancent sur quatre hommes
de front et sur dix de profondeur. Les piquiers, sans être tous appareillés exactement, sont d'une taille supérieure à la moyenne, et leur couleur rouge trahit en
eux les Égyptiens de race pure; ils portent, avec la perruque courte qui leur
protège la tête comme un casque ou un bonnet rembourré, le pagne bref d'étoffe
blanche, serré sur les hanches par une simple bande mince, légèrement ouvert
sur le devant, descendant jusqu'à mi-cuisse, avec la pièce retombante pour
cacher les parties génitales. Les archers forment une troupe mêlée, quelques
Égyptiens avec des Libyens recrutés parmi les gens qui vivent à la lisière du
désert; ils sont, en général, de taille très inférieure à celle des piquiers,
quelques-uns fort petits. Plusieurs d'entre eux ont la perruque des piquiers,
d'autres coiffent des perruques diverses, surtout celle qui simule des rangs de
boucles courtes étagées l'une au-dessus de l'autre. Ils n'ont pour vêtement
qu'une bande d'étoffe blanche, large dans la réalité de dix ou douze centimètres,
serrée à la hanche par une corde ou par une lanière en cuir, mais une bande de
cuir épais, un peu plus large de bas que de haut, terminée en queue d'aronde,
peinte en rouge avec bordure blanche et garnie dans sa longueur d'une rangée
d'ornements blancs en losange, dix ou cinq, leur descend jusqu'au genou et leur
couvre les parties génitales. C'est le rudiment de l'espèce de garde ovale en
cuir, que les soldats accrochèrent à leur ceinture au temps du second empire
thébain. Ces gens ont la peau d'un brun presque noir; ce sont des blancs noircis
par le soleil, non pas des nègres.

L'infanterie de ligne a pour armes la pique, le poignard et le bouclier. La
pique mesure sensiblement la hauteur d'un homme de taille moyenne, soit, selon
les proportions des figurines, 1 m. 70 cent. environ. Elle est garnie d'une pointe
de cuivre en feuille de saule, un peu plus épaisse en son milieu, et garnie d'une
arête mousse; la longueur de la pointe devait être de 0 m. 20 cent. ou de
0 m. 25 cent. au plus, et elle était garnie d'une soie de six ou sept centimètres
de long, que l'on fixait à la hampe au moyen d'une forte ligature en cuir ou en
cordelette poissée. La lance était tenue haute pendant la marche, à moitié
environ de sa longueur totale, l'avant-bras faisant avec le corps un angle droit

de façon à la porter bien avant. Le bouclier est rectangulaire par en bas, cintré en ogive vers le haut, et semblable de tout point aux boucliers de Bershéh que le Musée possède. Il se composait en original d'une carcasse de bois léger, sur la face extérieure de laquelle une peau de bœuf était cousue par une lanière en cuir. Le champ en est peint de blanc, puis décoré de marques qui varient à chaque fois, et qui forment comme les armoiries de l'individu. Le bouclier n'avait qu'une poignée en bois, placée dans le cintre intérieur, vers les deux tiers de la hauteur environ. Il était tenu à bras replié, sur le côté gauche, pendant la marche; pendant le combat, le soldat manœuvrait sa lance et son bouclier à peu près comme les tribus africaines qui ont conservé l'usage de ces armes manient les leurs. Le bouclier, poussé en avant comme une muraille mobile, abritait le haut des cuisses, le bas-ventre, la poitrine et les épaules; l'ogive de la partie supérieure permettait à l'homme, tout en masquant le bas de la figure et le nez, de bien voir l'adversaire et de suivre ses moindres mouvements. La lance, levée vers la hauteur de la tête, la pointe légèrement inclinée vers la terre, avait l'usage de la sagaie plus que celui de la pique moderne; en lançant l'attaque, l'homme la laissait glisser entre ses doigts pour lui imprimer la force d'impulsion propre au javelot, puis il serrait la main avant qu'elle fût arrivée à l'extrémité de la hampe, pour pousser le coup et bien l'enfoncer.

Les archers n'ont que l'arc et une poignée de quatre flèches, sans autre arme défensive ou offensive. Les listes d'offrandes funéraires du Moyen-Empire nous donnent plusieurs variétés d'arcs avec leur fourniment. On a, par exemple, la série ⁅hiéroglyphes⁆ où l'on reconnaît l'arc *Anouîti* ⁅hiéroglyphes⁆ et l'arc ⁅hiéroglyphes⁆ *Pidouîti*. Cette liste fixe définitivement la valeur du signe ⁅hiéroglyphe⁆ dans lequel on a voulu voir une fronde : c'est la corde d'un arc quelconque, corde en lanières de cuir tressées, en crin, en fibre de palmier, en fil de chanvre ou de lin selon les cas. ⁅hiéroglyphes⁆, *kharshaît*, est le paquet de quatre flèches, qu'on voit ailleurs enveloppé d'une peau de serpent, d'un cuir ou d'une étoffe; le carquois est venu plus tard, peut-être avec les Pasteurs, et il est d'origine asiatique comme l'indique son nom. Les flèches sont armées de pointes en silex, pointes tranchantes pour la plupart, et le fait est remarquable; rapproché du fait que la pointe des lances est en cuivre, il prouverait, s'il en était besoin encore, que la pierre était employée simultanément avec les métaux, à la guerre comme dans l'industrie, longtemps après les âges préhistoriques de l'Égypte.

Les planches XXXIV-XXXVI nous permettent de mieux juger les détails de l'armement et de la facture. La technique est remarquable. Les sculpteurs qui ont exécuté cet ensemble ont voulu donner à chaque individu sa physionomie particulière, et ils y ont réussi. Le modelé de la poitrine et du dos, des bras et des jambes est excellent; les physionomies sont un peu grossières et tournent légèrement à la caricature, mais elles rendent fort bien le type du fellah et du bédouin de la classe inférieure.

Planche XXXVII. — Les mêmes princes qui se montraient si curieux d'avoir une armée en bon état, tenaient également à posséder une belle flotte. L'un de ceux qui sont enterrés à Siout, Tefabi, parlant de la sienne, la dépeint comme couvrant le cours entier du fleuve sur une longueur de plusieurs kilomètres, depuis Shashotpou jusqu'à Siout même. C'est un fait connu qu'une flottille puissante est un instrument indispensable à quiconque veut conquérir ou défendre ces régions, et, par suite, on ne saurait s'étonner si les seigneurs féodaux de l'Égypte moyenne, après avoir eu beaucoup de vaisseaux en cette terre des vivants, s'efforçaient d'en emmener beaucoup avec eux dans la tombe. L'état civil et politique d'un Égyptien dans l'autre monde n'étant que la reproduction de son état civil et politique de ce monde ci, le meilleur moyen de le lui assurer sans changement, c'était de fournir son tombeau de tout ce qu'il avait possédé dans sa cité. Le gros de ses besoins, partant, le gros des objets et des personnes qu'on lui attribuait, était le même partout, mais chaque localité et chaque temps avait ses exigences ou ses habitudes particulières, qui différenciaient le mobilier, les offrandes et les représentations d'un endroit du mobilier, des offrandes et des représentations de tous les autres endroits. Les conditions dans lesquelles les princes féodaux de la Moyenne-Égypte vécurent, entre la Ve et la XIIe dynasties, expliquent pourquoi l'on recueille tant de barques au fond de leurs tombeaux; ils en avaient besoin autant que de soldats, pour retrouver aux régions d'au-delà leur état complet d'ici-bas. Un ou deux de ces bateaux étaient franchement funéraires, et ils figuraient ceux dont le mort avait besoin afin de se rendre, soit à Abydos, où il franchissait la *bouche de la Fente*, soit, par toute autre issue, dans les champs d'Ialou : le reste était le convoi de ses serviteurs, qui lui avaient fait escorte dans ses voyages ou dans ses guerres terrestres, et qui allaient l'accompagner dans ses voyages et dans ses guerres d'outre-tombe.

Le bateau reproduit sur la planche XXXVII provient de Siout. Il fut découvert en 1875 dans la tombe de ⳡ—ⳡ Masahit; il a été choisi entre tous à cause de ses dimensions et de son agencement particulier. Il est long de o m. 54 cent., large de o m. 532 mill., profond en son milieu de o m. 238 mill. La coque en est à fond plat, plus haute à l'arrière qu'à l'avant, taillée dans un seul bloc de bois dont les défauts ont été réparés avec des pièces rapportées, dissimulées sous le stuc et sous la couleur. Les baux qui maintenaient l'écart des murailles sont indiqués sur le plancher par autant de raies de peinture rouge. Une longue poutre les traverse qui court par le milieu de l'avant à l'arrière; leurs extrémités font saillie en dehors de la coque sur le pourtour extérieur, et leur disposition montre combien j'ai eu raison de considérer les indications de même nature qu'on aperçoit à Déîr el-Bahari, sur les vaisseaux de la reine Hâtshopsouîtou, comme marquant les extrémités des baux, non pas les sabords qui donnaient la lumière sous le pont. Le mâtereau qui soutient la rame-gouvernail est planté sur l'extrême arrière, et quatre trous sont pratiqués dans le pont, à ses pieds, deux à droite, deux à gauche, pour les cordes qui l'assuraient; il porte vers le haut une cheville horizontale, destinée à supporter la tête du mât lorsqu'on le couchait. Un autre mâtereau est dressé au milieu du pont, en avant de la cabine, qui servait également à soutenir le mât; presque à ses pieds s'ouvre le trou dans lequel on plantait le mât, et, derrière lui, une sorte de sabot, dont on usait pour étayer le pied du mât. A l'arrière du mât, à cheval sur la poutre médiane et sur le troisième bau, un bloc percé de quatre trous est fixé au pont; il était destiné aux cordages qui descendaient du haut du mât et l'étayaient par derrière. A la hauteur du quatrième et du sixième baux, en arrière du mât, deux paires de trous sont pratiqués dans le bordage, pour y frapper les câbles qui maintenaient les deux extrémités inférieures de la voile.

La cabine couvre la moitié du bateau et constitue un véritable château. Elle est en voûte surbaissée et elle se compose d'un vestibule et d'une chambre. Les deux murailles transversales sont munies chacune d'une porte à un seul battant, montée sur pivot et fortifiée de six baguettes horizontales; sur la face extérieure de chacune d'elles est tracée, en relief dans le creux, la figure du prince, debout, le bâton à la main, le manteau sur l'épaule, vêtu du pagne à tablier pointu. Une légende, formée d'une ligne horizontale au-dessus du personnage et d'une colonne verticale d'hiéroglyphes devant lui, nous apprend son nom et ses qualités. Les deux parties de l'inscription ont en commun le titre [hiéroglyphes]. L'inscription du dessus se lit sur l'une des portes: [hiéroglyphes], sur l'autre: [hiéroglyphes], tandis que l'inscription latérale se lit sur l'une des portes: [hiéroglyphes], et sur l'autre: [hiéroglyphes]. Les murs de la cabine étaient à panneaux pleins, mais les petits ais qui les fermaient sont tombés, et la carcasse seule est restée, simulant un travail à claire-voie. Le vestibule est supporté en son milieu par une colonne à chapiteau en bouton de lotus et à fût

cannelé. Il est largement ouvert sur l'avant; à l'arrière, deux retours du mur
dessinent une sorte de réduit très étroit en avant de la chambre.

L'équipage comprend, outre le pilote d'arrière accroupi sur la cabine, un
pilote d'avant debout sur la proue, le bras étendu pour indiquer la manœuvre
au bateau qui remorquait la barque de Masahît. Les autres personnages appartiennent à la suite du prince plutôt qu'à l'équipage proprement dit, deux en
dehors de la cabine : l'un debout à droite, l'autre accroupi à gauche, un peu en
arrière du mât, cinq dans le vestibule de la cabine, à droite et au fond, Masahît
est assis, enveloppé des pieds jusqu'au cou dans le long manteau qui lui cache
les bras et les mains, puis, disséminés autour de lui, quatre serviteurs sont
accroupis dans des attitudes diverses. —— *N° d'entrée 30970.*

PLANCHE *XXXVIII.* —— Avec cette planche commencent les figurines qui représentent les serviteurs et les servantes du mort, chacun dans l'exercice de ses
fonctions[1]. Elles proviennent toutes de Méîr, et du tombeau de [hiéroglyphes]
Papiniânkhou le-Noir. Elles y furent découvertes par l'inspecteur Mohammed
Effendi Dohéîr, entassées toutes ensemble dans un trou pratiqué au milieu de
la chambre funéraire. Papiniânkhou vivait à la fin de la VIᵉ dynastie et au commencement de la VIIᵉ.

Le petit homme qui marche en regardant devant soi d'un air si satisfait, est
un des domestiques particuliers du mort. Il n'a que la perruque à mèches
courtes et carrées, étagées en rangs pressés et dont la retombée lui cache les
oreilles, puis le pagne blanc uni s'arrêtant au-dessus du genou. Il a l'avant-
bras droit replié contre la poitrine, et un petit coffret à bijoux octogonal y est posé,
dont les panneaux, peints en damier alternativement rouge, noir, vert sombre,
jaune verdâtre, semblent décorés à l'imitation des paniers de paille multicolore;
une large poignée est implantée au milieu du couvercle. C'est une véritable valise
qu'on lui voit sur le dos, une sorte de sac oval, de coupe oblongue et plate, un
peu plus large par en bas que par en haut, et muni de deux grosses pointes en
bois qui servaient à le ficher en terre. Il est en cuir blanc, mais le contour des
côtés étroits est cerné d'un trait rouge et rempli d'un réseau simulant un filet. La
partie supérieure de l'un des côtés longs, arrondie aux angles, se rabat sur l'autre
comme celle de nos portefeuilles. Un tapis rectangulaire, à petites taches rou-
geâtres sur fond blanc, et à bordure imitant le dessin de la peau de panthère,
est étendu sur le tout, et l'un de ses bouts, passé entre le cuir et la peau de

---

[1] L'étude de ces statuettes a été faite par M. Borchardt dans son article sur *die Dienerstatuen aus
den Gräbern des Alten Reiches*, dans la *Zeitschrift*, en 1897, t. XXXV, p. 119-134.

l'homme, amortit le frottement pendant la marche. Une courroie blanche, large et longue, en étoffe ou en cuir, est attachée aux deux extrémités du côté qui s'applique au dos. L'homme l'a mise à son cou par-dessus l'épaule droite, puis il a relevé la valise à droite, jusqu'à ce qu'elle lui remontât dans la nuque à la façon du sac de nos soldats. Il a ensuite croisé les deux extrémités de la courroie l'une sur l'autre au côté gauche, et, dans l'anse ainsi obtenue, il a enfoncé jusqu'à moitié le bras gauche replié au coude ; la pression de ce bras, qui tend à descendre, serre la valise au dos, et la main appuyée à plat sur elle l'empêche de trop balloter. La pose et le personnage sont représentés à Berchéh et à Béni-Hassan, mais notre figure nous permet pour la première fois de juger le détail de l'équipement. Les chairs sont peintes en rouge, les yeux et les sourcils en noir, les ongles couleur de hennèh. La statuette a été reproduite par Borchardt dans la *Zeitschrift*, 1897, t. XXXV, p. 121. Hauteur o m. 36 cent. — *N° d'entrée 30840.*

Planche XXXIX. — Trois petites femmes, alignées l'une derrière l'autre par rang de taille, sur un même socle, tiennent en équilibre sur leur tête du linge blanc empilé et attaché en ces paquets de forme décagonale, que l'on voit souvent dans les représentations des tombeaux memphites. La première l'appuie de la main gauche et le bras droit lui pend le long du corps, les autres le supportent à deux mains. Elles n'ont pour vêtement que la chemise blanche attachée sur l'épaule droite par une seule bretelle, et tombant assez peu au-desssus du genou. Les cheveux rasés sont peints en noir, la cornée des yeux est relevée de blanc, comme la chemise, le reste du corps est jaune terne. La plus grande mesure o m. 59 cent. paquet compris, la suivante o m. 56 cent., la dernière o m. 58 cent. — *N° d'entrée 30798.*

Derrière elles, sur un socle indépendant, se dresse une figurine de femme nue, à laquelle les deux bras manquent. Les deux jambes sont serrées, les pieds sur le même plan. Le corps est habilement modelé, mais grêle, mince, avec des cuisses menues, un ventre plat, des hanches étroites, une gorge à peine saillante. Les yeux sont bordés et allongés de kohol. Le crâne est rasé de près, sauf trois longues tresses, dont une seule, celle du milieu, est conservée et pend encore du sommet de la tête au creux des reins ; elle est en fils de lin tressés et elle se termine par la boulette conique de glaise ordinaire. C'est une toute jeune fille, probablement une danseuse, l'image exacte pour la coiffure et pour l'attitude de certaines des figures de femme qu'on voit dans les hypogées de Kasr-es-Sayad. Elle mesure entre o m. 36 cent. et o m. 37 cent. de hauteur. Le groupe a été reproduit par Bissing, dans la *Zeitschrift*, t. XXXVII, p. 77. — *N° d'entrée 30809.*

Planche XL. — Sur un même socle, deux servantes, les chairs peintes en jaune, la tête rase, le buste nu, le sein pendant, la chemise blanche descendue jusqu'à la hauteur des hanches en guise de pagne, sont accroupies en face l'une de l'autre, les talons au derrière. Elles broient la farine avec une molette sur une pierre taillée en plan légèrement incliné, et la farine tombe dans un réceptacle rond, probablement en terre, ménagé entre elles. C'est la scène des meunières au travail qu'on voit dans les tombeaux des nécropoles memphites. Longueur o m. 4o cent. — *N° d'entrée 3o 811.*

Planche XLI. — Dans le haut, un homme, assis de travers sur un socle en bois, genoux hauts, chairs rouges, pagne blanc, accomplit une action représentée souvent sur les bas-reliefs des tombeaux memphites. Il tient de la main droite une jarre longue, de celles dans lesquelles on conserve le vin ou la bière, et de la main gauche il va ramasser, dans le grand vase placé près de lui, une poignée de la pâte rougeâtre dont on se servait pour enduire la poterie et empêcher le liquide de se corrompre. Au delà, dix jarres pleines et déjà coiffées de leur capuchon de terre noire, sont disposées sur deux rangs parallèles, dans un appareil rectangulaire qui les maintient à peu près droites. C'est une sorte de bâtis, composé de bois plantés en terre; les deux plus petits sont engagés dans le plus grand vers les extrémités. Longueur o m. 4o cent. — *N° d'entrée 3o 817.*

Le groupe placé sous celui-là montre une des scènes de la fabrication de la bière. A droite, la femme agenouillée réduit l'orge en farine sur sa meule plate. Un support rond, jaune, placé devant elle, soutient un vase rouge de bonne taille, recouvert d'une plaque plate, ronde, peinte en jaune, pour empêcher quelque impureté de tomber dans la matière qu'il contient; à côté de la jarre, on voit un petit vase cylindrique brun rouge. Au delà, une femme assise à cropetons surveille un tas d'objets en forme de cônes tronqués, peints en gris, tachetés de rouge, probablement des pains; elle attise le feu avec un bâton de la main droite et se protège le bas de la figure avec la main gauche. Les deux femmes ont les cheveux courts, les chairs peintes en jaune sombre, la chemise baissée à la taille de manière à simuler un pagne. Longueur o m. 6o. — *N° d'entrée 3o 812.*

Planche XLII. — A gauche, un cuisinier, assis à cropetons devant une terrine pleine de charbons ardents, fait rôtir une volaille emmanchée au bout d'un gros bâton qu'il tient de la main gauche. De la main droite il attise la flamme, avec l'espèce d'éventail que les Égyptiens employaient à cet usage. Le groupe a été reproduit par Borchardt dans la *Zeitschrift*, t. XXXV, p. 127. Longueur o m. 25 cent. — *N° d'entrée 30814.*

A droite, un boulanger, le genou droit en terre et le genou gauche levé, gratte la meule de la main gauche avec un éclat de caillou, pour y recueillir la pâte ; sa main droite, peinte en blanc jusqu'au poignet afin de montrer qu'elle est enduite de pâte, tient une de ces galettes rondes qu'on voit si souvent représentées. A gauche de la meule, dix des ces galettes plates, qu'on appelait, *sanou*, sont entassées en deux tas sur le sol. Au-delà, derrière un petit four formé de trois pierres plates, celle de derrière carrée, celles de côté rondes, et couvert d'une quatrième pierre ronde, un tas de brindilles de bois est étendu attendant que les galettes soient prêtes à cuire et qu'on allume le feu. Le groupe a été reproduit par Borchardt dans la *Zeitschrift*, 1887, t. XXXV, p. 124. Long. o m. 36 cent. — *N° d'entrée 30849.*

Planche XLIII. — A droite, une femme fabrique de la bière, debout, devant une grosse jarre à tubulure à laquelle s'adapte une corbeille basse largement ouverte ; elle lave à deux mains la pâte rougeâtre, en faisant effort des épaules et des reins jusqu'à ployer légèrement les jambes. Devant elle, un autre vase, sans tubulure, est rempli probablement de la même pâte que la corbeille ; une sorte de soucoupe plate pose sur l'orifice. Hauteur o m. 306 mill.—*N° d'entrée 30823.*

Le personnage de gauche dépique le sol à la houe, et son action est si souvent représentée que je ne l'aurais pas reproduit ici, si un détail ne montrait avec quel soin minutieux les artistes égyptiens s'efforçaient de copier les scènes de la vie courante. On sait que ce travail se fait peu après le retrait de l'inondation, lorsque le sol, pleinement détrempé par les eaux, est recouvert d'une couche de boue à moitié liquide. Notre petit bonhomme n'a point les pieds visibles : il plonge dans la boue jusqu'à la cheville, à l'exemple de son modèle, le paysan égyptien de la réalité. Hauteur o m. 29 cent. — *N° d'entrée 30822.*

PLANCHE XLIV.

Ces deux admirables fragments, en calcaire compact, proviennent d'un groupe mutilé dès l'antiquité, et découvert par des fouilleurs indigènes à Chéikh Abd el-Gournah. Il représentait une femme debout à côté de son mari et qui lui passait le bras droit sur l'épaule, avec le geste caressant des Égyptiennes. Il ne reste de l'homme que la tête, coiffée d'une immense perruque et brisée à la naissance du cou. La femme est complète ou à peu près, jusque vers le milieu des cuisses. Elle est vêtue de la robe d'apparat à longues manches, plissée et tuyautée, croisée sur la poitrine; son bras droit a disparu, son bras gauche est nu depuis la saignée et se replie sous la gorge; un bracelet est passé au poignet et la main tient le fouet magique, la *monâît*. La tête s'engonce sous l'immense perruque de la XXe dynastie, dont les lourdes masses encadrent la face et tombent sur les reins. L'œuvre est d'une maîtrise incomparable; les formes de la femme se modèlent sous l'étoffe sans indécision ni mollesse, et la physionomie sourit avec finesse, malgré les mutilations qui la déshonorent. Le tour des yeux, les sourcils, les lèvres sont rehaussés d'un trait noir; le reste ne porte plus aucune trace de couleur. On voudrait savoir qui étaient ces deux personnages, mais l'inscription qui nous aurait appris le nom de l'homme n'existe plus, et il ne subsiste, de celle qui courait le long de la stèle arrondie par en haut à laquelle ils s'adossaient, qu'un commencement de proscynème insignifiant, en quatre colonnes verticales :

Tous ceux qui connaissent la figurine en bois de la dame Toui, acquise récemment par le Louvre, seront frappés de la ressemblance qu'elle présente avec notre statue de femme; c'est le même costume, la même coiffure, la même pose du bras gauche, presque les mêmes traits. Les deux monuments doivent être contemporains et avoir été exécutés sous l'influence du même enseignement : c'est l'art le plus fin et le plus noble de la XXe dynastie.

La tête d'homme mesure o m. 34 c. de haut, le torse de femme o m. 84 c. — N[os] d'entrée 31629–31630.

PLANCHE XLV.

Stèle en basalte noir-verdâtre, haute de 1 m. 58 cent., large de o m. 86 cent., découverte à Kom el-Gaief, sur le site de l'ancienne Naucratis, dans l'une des propriétés de S. A. le prince Hussein pacha, donnée gracieusement par lui au Musée de Gizeh, en décembre 1899, publiée dans le numéro de janvier-février 1900, des *Comptes rendus* de l'Académie des Inscriptions et Belles-Lettres.

Ce magnifique monument, d'une gravure admirable, n'est pas intéressant seulement pour les renseignements historiques qu'il nous donne; l'orthographe en est singulière et mérite d'attirer l'attention des égyptologues. Le scribe qui en a rédigé le texte a cherché fréquemment à rendre, rien qu'avec des caractères alphabétiques, les mots que ses confrères exprimaient traditionnellement par des syllabiques ou par des idéogrammes. A-t-il agi sous une influence étrangère, et la familiarité avec les Grecs de Naucratis a-t-elle été pour quelque chose dans sa façon de procéder? Il est probable, mais sa tentative gêne singulièrement la lecture. Ce n'est pas sans surprise qu'on reconnaît ⳡ dans ❘ ❘, ⚊ dans ⚊ ❘, ▥ et ∝ dans ⚊ ❘ et ❘, ❘ ⚊ ❘❙ dans ❘ ⚊ ❘ et ❘. Je ne suis pas certain d'avoir bien rétabli le texte partout, et l'exemple de ce monument montre quelles difficultés de déchiffrement l'égyptien aurait présentées, si, comme le phénicien ou le grec, il avait employé un système purement alphabétique.

Le tableau qui remplit le cintre est d'un dessin et d'une exécution merveilleux. Sous le disque ailé, le roi Nectanèbo fait une double offrande à sa mère, la déesse Néith de Saïs : son nom y est écrit ⳡⳡ, sans le ⚊ syllabique de ⳡ. A gauche, il est coiffé de la perruque à boucles étagées, ceinte du diadème, surmontée des deux cornes du disque et des deux plumes droites : il présente le collier large ⳡ à la déesse. A droite, il est coiffé de la couronne rouge ⳡ, et il apporte les liqueurs et les pains sur un plateau. Néith est, à gauche, la dame du ciel, la régente de la Méditerranée, ⳡⳡⳡ et, en cette qualité, elle accorde au roi les terres étrangères, les terres grecques ⳡⳡ; à droite, elle est la dame des êtres, créatrice des choses ⳡⳡⳡ, et, en cette qualité, elle prodigue au roi la richesse en provisions de tout genre.

Quatorze lignes d'inscriptions verticales couvrent le corps même de la stèle. En voici, sous toutes réserves, la traduction à peu près complète :

«L'an I, le 4ᵉ mois de Shomou, le 13, sous la Majesté du roi Nectanèbo II, toujours vivant, aimé de Néith, dame de Saïs. Le dieu bon, le grand (ⳡⳡⳡ) marqué au sceau de Néith, à la Majesté de qui la déesse a accordé de ceindre son propre diadème dans les deux régions marécageuses du Delta (ⳡⳡⳡ); elle l'a installé prince des deux terres du Nord et du Sud, elle lui a mis sa coiffure d'uræus à la tête, elle lui attire (ⳡⳡ ou ⳡ) les cœurs des clans humains (ⳡ), elle lui livre (ⳡⳡ) le cœur (ⳡⳡ) des croyants ⳡ; elle brise (ⳡⳡ) tous ses ennemis, — le roi vigoureux qui protège (ⳡⳡ; litt. : *enveloppe*) l'Égypte, le mur de bronze qui clôt Kimît (ⳡⳡ), le très-vaillant qui agit de ses deux bras (ⳡⳡ), le maître expert de la masse (ⳡⳡ) qui multiplie de cœur qui a vu sa crinière (ⳡⳡ), celui qui coupe les cœurs et qui retranche les esprits (ⳡⳡ), qui rend la vie (litt. : *qui fait les formes* ⳡ) à ceux qui sont étendus morts sur leur lit funéraire, afin de s'emparer de leurs cœurs et de les remplir de ses vertus admirables (ⳡⳡ [hiéroglyphes], litt. : « pour prendre leur cœur plein de ses merveilles »), lorsqu'ils se seront aperçus qu'il n'y a point de limites à ce qu'il leur donne ([hiéroglyphes], litt. « trouvé point quantité de donné sur eux »), — celui qui rend prospères toutes les deux terres lorsqu'il brille chaque jour ([hiéroglyphes]) par ([hiéroglyphes] avec chûte de [hiéroglyphe] finale) ses approvisionnements, chaque homme crie de joie lorsqu'il (a vu ce prince) aimé de Râ ([hiéroglyphes]) qui resplendit dans l'horizon, et son amour fleurit dans tous les seins, car il a donné la vie aux ventres ([hiéroglyphes]); tous les dieux se réjouissent de lui ([hiéroglyphes]) car ils l'ont vu qui veillait pour chercher ce qui est utile ([hiéroglyphes]) dans leurs sanctuaires et qui conduisait leurs prophètes à leur accomplissement de tous les sacrifices des temples ([hiéroglyphes]), qui agissait selon leurs paroles, et ne se montrait pas rebelle (littér. : *sourd de face*) à donner ([hiéroglyphes]) lorsque leur cœur s'engageait sur la voie ([hiéroglyphes], litt. : « ils donnent aller le cœur sur la voie ») de construire leurs temples, d'édifier leurs murs, d'approvisionner les autels, de multiplier ([hiéroglyphes]) tout ce dont ils ont besoin ([hiéroglyphes]), de procurer des fondations pieuses de toutes choses, lui, le dieu unique aux multiples vertus, qui reluit les rayons du disque solaire ([hiéroglyphes]) et à qui l'on dit ce que l'on dit d'eux ([hiéroglyphes]), à qui la Très-Verte a donné ([hiéroglyphes]) ce qui sort de ses eaux ([hiéroglyphes] litt. : « l'écoulement de sa rosée »), à qui les contrées étrangères apportent en courant ([hiéroglyphes]) leurs produits et leurs gazelles même se le concilient par leurs tributs ([hiéroglyphes]).

« Sa Majesté se levant dans le château du nome Saïte et se couchant dans le temple de Néith, le roi montant dans le temple de Néith, se levant comme souverain coiffé de la couronne rouge à côté de sa mère Néith, il a présenté son offrande, l'or de l'offrande en don au temple de Néith. Dit Sa Majesté : « Soit donné un dixième de l'or, de l'argent, du bois brut, du bois ouvré, de toutes les choses qui sortent de la Très Verte des Grecs, de toute taxe de douane ([hiéroglyphes]) et qu'on le verse en compte ([hiéroglyphes]) au temple *Risnîti* de Néith ([hiéroglyphes]) de la ville nommée Hounit, ainsi qu'un dixième de l'or, de l'argent, de toutes les choses qui sont dans Pa-maraïti, qu'on surnomme Karati, sur le bord du canal Ânou, et qu'on le verse en compte au temple *Risnîti* de Néith, pour la mainmorte de ma mère Néith, à tout jamais, en plus de ce qu'il y avait là auparavant, et que l'on fasse avec ces deux dixièmes ([hiéroglyphes] . . . . [hiéroglyphes] litt. : «et que l'on fasse. . . . d'eux») millier de bœufs 1, lot d'oies 1, minots de vin 5, en offrandes journalières, au cours de chaque jour, et que le bénéfice de tout cela (⸢hiéroglyphes⸣, litt. : «le compte d'eux») soit pour le trésor de ma mère Néith, parce que le maître de cette Très-Verte, (⸢hiéroglyphes⸣) c'est elle Néith qui lui donne de s'approvisionner (de ces biens). S'il est ordonné que je délivre (⸢hiéroglyphes⸣), protège, défende, son double temple de Sais (les deux objets qui sont figurés dans le signe du temple, le totem ⸢signe⸣ du nome Saïte sur ⸢signe⸣, marquent les deux sanctuaires ⸢signe⸣ *mihntti*, celui du Nord, et ⸢signe⸣ *risntti*, celui du Sud). . . »[1]. Dit Sa Majesté : «Que ceci soit établi (⸢hiéroglyphes⸣) sur cette stèle et qu'on la mette dans Naucratis, sur la rive du canal Anou, si bien que mes splendeurs soient commémorées à tout jamais (⸢hiéroglyphes⸣), moi Nectanèbo II, toujours vivant».

La stèle date du moment où Nectanèbo, délivré par Agésilas des princes féodaux qui lui avaient soulevé un rival et qui l'assiégeaient, vint prendre possession du trône dans Sais. Différentes donations durent témoigner de la reconnaissance qu'il portait à la déesse pour l'avoir fait roi, mais la seule dont nous ayions le souvenir est celle qu'on lit sur notre stèle. Elle nous révèle le nom égyptien de Naukratis, ⸢hiéroglyphes⸣ *Pa-maraïti* [2], et elle nous donne pour la première fois le nom grec en transcription hiéroglyphique. Elle l'écrit ⸢hiéroglyphes⸣, qui se décompose par étymologie populaire en ⊙ *Naou* ⸢signe⸣ *karati*, «la ville de Crates», ou par simple abréviation ⸢signe⸣ *Krati, Krate*; est-ce simple fantaisie du scribe, ou y avait-il eu réellement parmi les fondateurs un Kratés, dont le rôle avait été assez important pour justifier jusqu'à un certain point l'orthographe égyptienne? Le canal sur les bords duquel elle était située, et qui la rattachait à la branche Canopique, s'appelait ⸢hiéroglyphes⸣, ⸢hiéroglyphes⸣, Ânou. L'autre ville, dont le nom se lisait probablement ⸢signe⸣ ou ⸢signe⸣, *Hountt*, doit être cherchée vers l'extrémité septentrionale de la branche Canopique, sinon à Canope même, du moins sur un point voisin de l'embouchure, à l'endroit le plus favorable pour établir une douane de mer. Les revenus que ces deux localités versaient au trésor égyptien ne pouvaient qu'être considérables, puisque le commerce avec la Grèce prenait presque entier cette voie. Nous apprenons par notre inscription que la taxe était du dixième. Nectanèbo l'attribua à l'entretien des fondations pieuses

---

[1] La phrase par laquelle Nectanèbo justifie ses largesses en l'honneur de la déesse ne m'est pas claire : on y distingue les groupes ⸢signe⸣, ⸢signe⸣, qui me paraissent répondre au verbe ⸢signe⸣, et ⸢signe⸣ qui semble être l'équivalent du copte ϣⲱⲛⲃ, ϣⲱⲛϥ T. *tradere, conjungere*, et dériver, comme celui-ci, de ⸢signe⸣ *mêler, joindre, unir*, mais je ne vois pas le sens qui devrait ressortir de l'ensemble de ces mots.

[2] Le nom avait été enregistré, mais non identifié, par Brugsch, *Dictionnaire Géographique*, p. 1183, 1184.

qu'il établit dans le grand temple de Sais en faveur de Néïth ; il dit expressément qu'il fit afficher la stèle dans Naucratis afin que nul n'en ignorât. Il n'affirme pas que la stèle fût dans un temple, et peut-être était-elle bien en vue sur un parvis ou dans une place publique. Il est fâcheux que l'on n'ait pas pu nous indiquer l'endroit précis où elle fut découverte; ce renseignement nous aurait permis de vider un problème important de topographie locale. — *N° d'entrée 34002.*

PLANCHE XLI.

Deux petites stèles trouvées à Bédréchéin, au mois de février 1900.

La moindre est en calcaire blanc grossier, haute de o m. 38 cent., large de o m. 22 cent. Elle a été dédiée à Phtah memphite et à Sokhît à tête humaine, par un de ces personnages de rang secondaire, dont la hiérarchie nous est donnée au Papyrus Hood, *le Cuiseur de gâteaux* 𓏃, *To*, et par sa sœur qui l'aime, la dame *Aaît,* sa femme. La ligne d'hiéroglyphes qui divise la stèle en deux registres par la moitié, nous explique que To présente ses adorations *au double de Ptah*, pour que ce dieu lui accorde la vie, la santé, la force, la distinction auprès du maître, les chants d'éloges, l'affection. Au second registre, quatre personnages défilent et s'associent à la prière, probablement les fils du couple figuré dans le cintre. Le monument est du second empire thébain, probablement de la XX° dynastie. — *N° d'entrée 34208.*

La stèle la plus grande est en grès de qualité médiocre, haute de o m. 42 cent., large de o m. 3o cent. Sous le disque ailé deux personnages sont affrontés : à droite, un roi coiffé de la couronne rouge, et tenant le sceptre ainsi que la croix de vie ☥, à gauche un dieu ou un homme divinisé, coiffé de la calotte collante, mais tenant les mêmes insignes que le roi. Pour légende, un seul mot grec ΧΑΡΜΙΔΗC, placé dans le champ de telle manière qu'il désigne l'homme divinisé, sans doute un officier grec au service de Pharaon. Ctésias (fragment 29, § 31, dans *Müller-Didot, Ctesiæ Cnidii Fragmenta,* p. 52) parle d'un amiral athénien Kharitimidès, qui commanda en Égypte de 459 à 456 et dont le nom, inusité, a été modifié en Kharmantidès. Si on le corrigeait en Kharmidès, nous posséderions ici peut-être le souvenir de ce personnage; le roi serait Inaros, et le monument aurait été consacré à Memphis pendant le siège du Mur-Blanc. — *N° d'entrée 34205.*

Gizèh, le 10 Juillet 1900.

G. MASPERO.

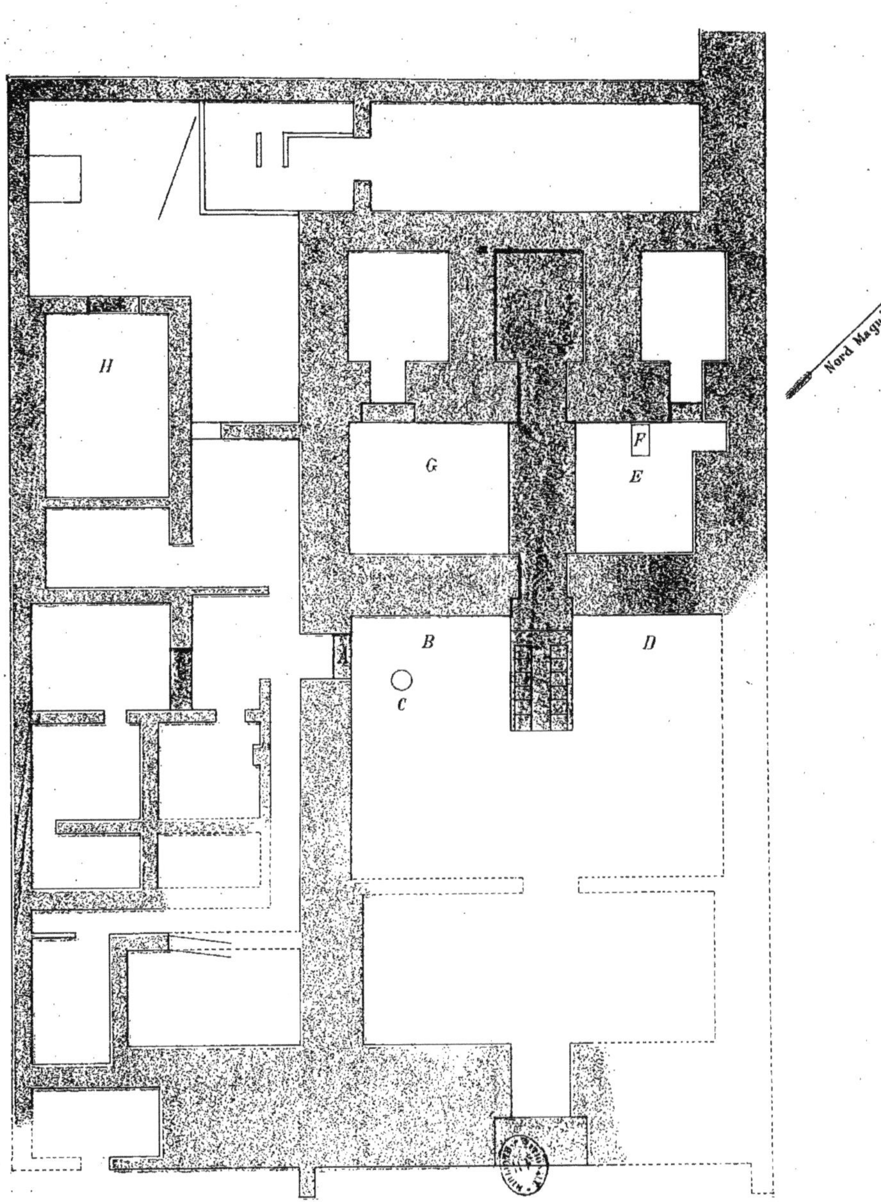
Nord Magnétique
H
G
F
E
A
B
C
D
0 1 2 3 4 5 6 7 8 9 10 Mètres

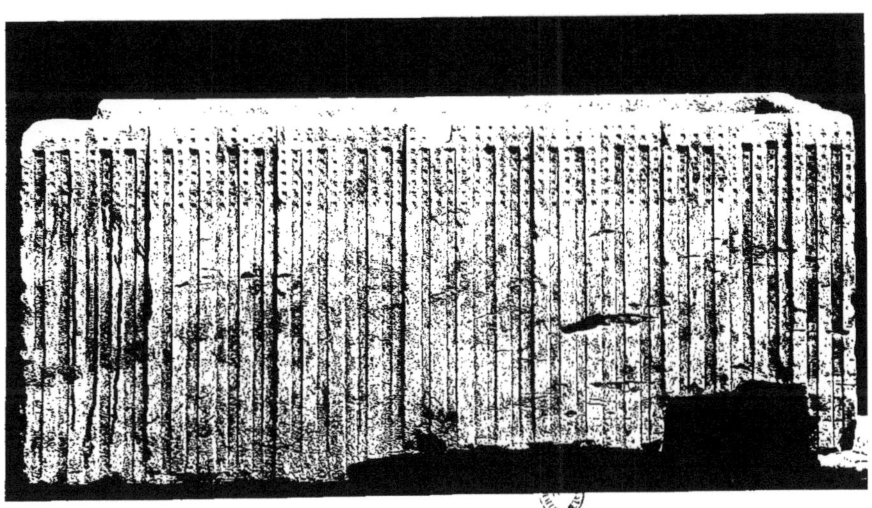

Phototypie par J. PAZOLVANINI à Carlsruhe (1

Pl. XIV

Pl. XXI

PL. XXVI

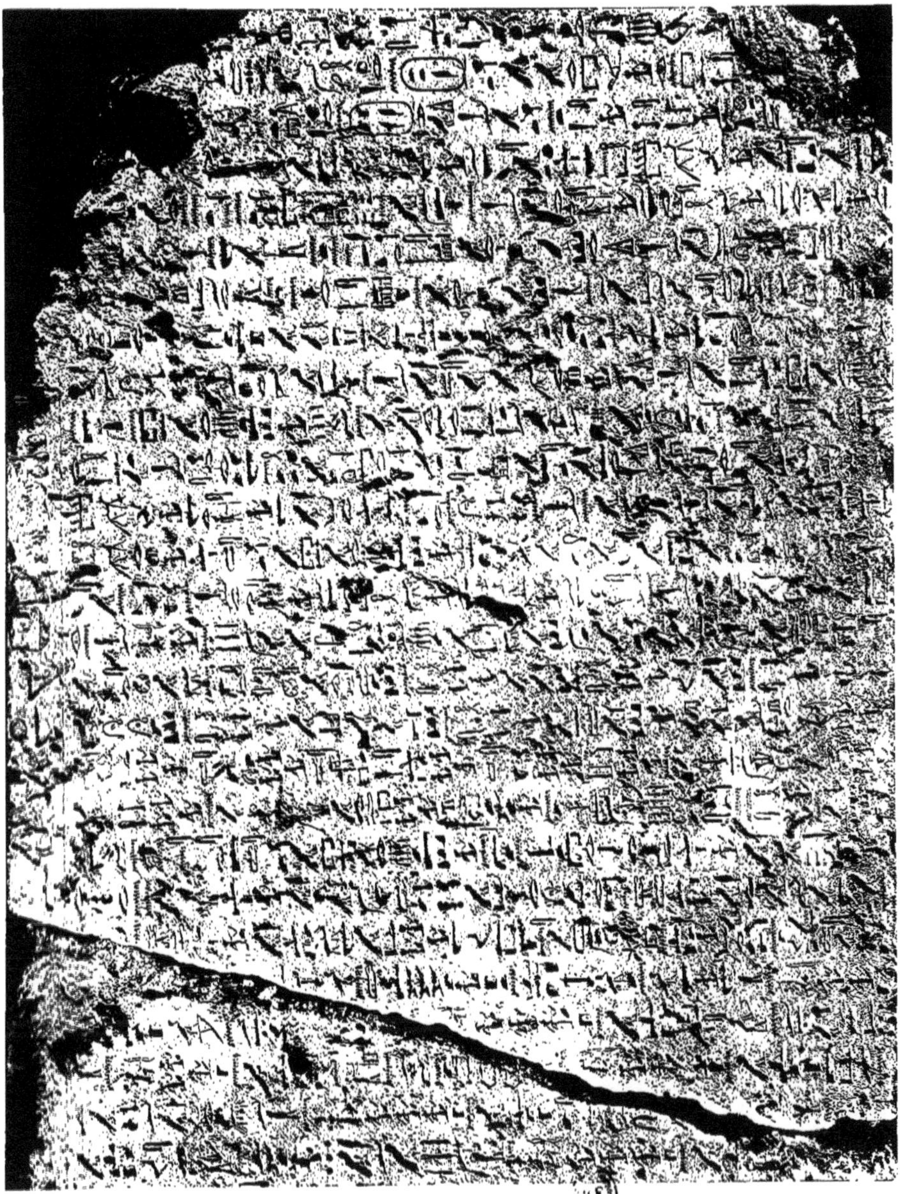

Phototypie par J. BAECKMANN à Carlsruhe (Bade)

Pl. XXVIII.

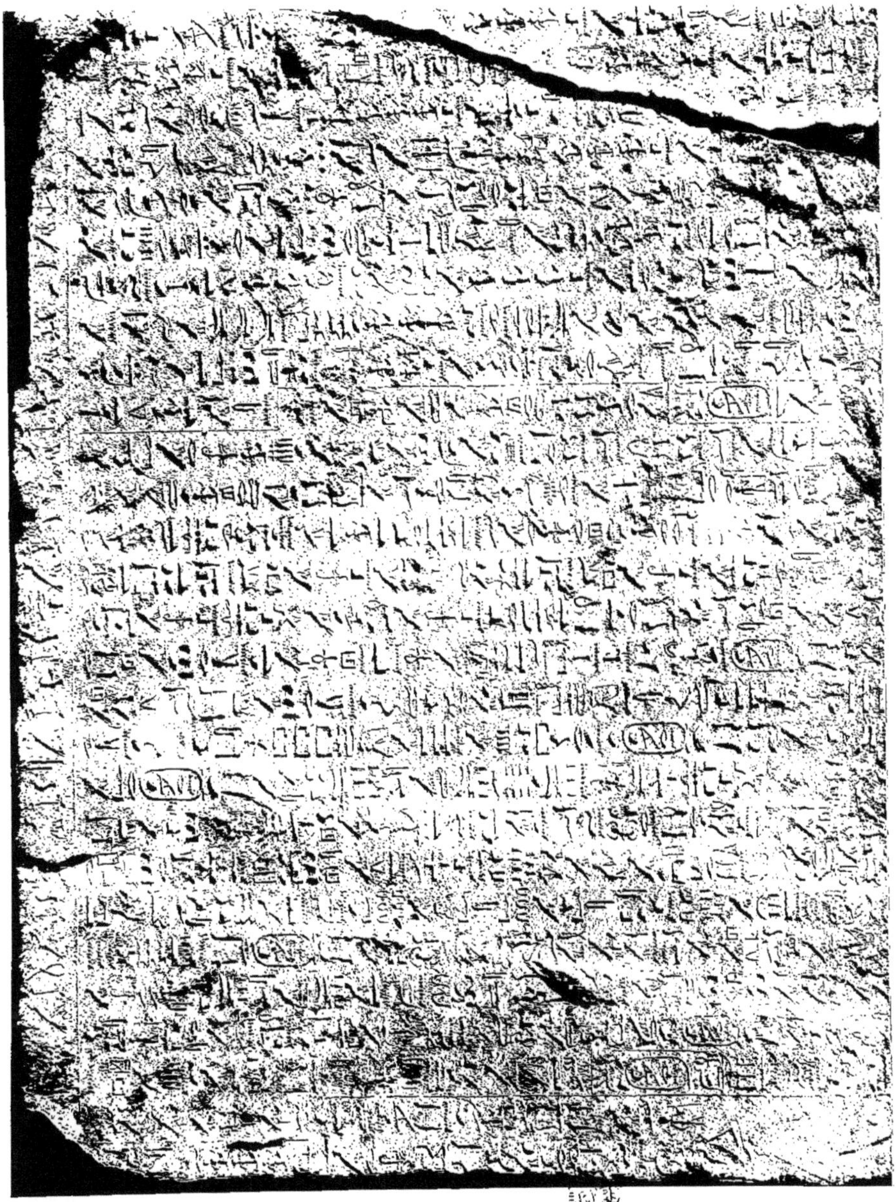

Phototypie par J. BAECK... à Carlsruhe (Bad

Pl. XXXII.

Pl. XXXIII.

PL. XXXIV.

Phototypie par J. BAER & C., à Carlsrouhe (Bade)

Pl. XXXVII

PL. XXXIX

Pl. XLI

Pl. XLIII.

Pl. XLIV.

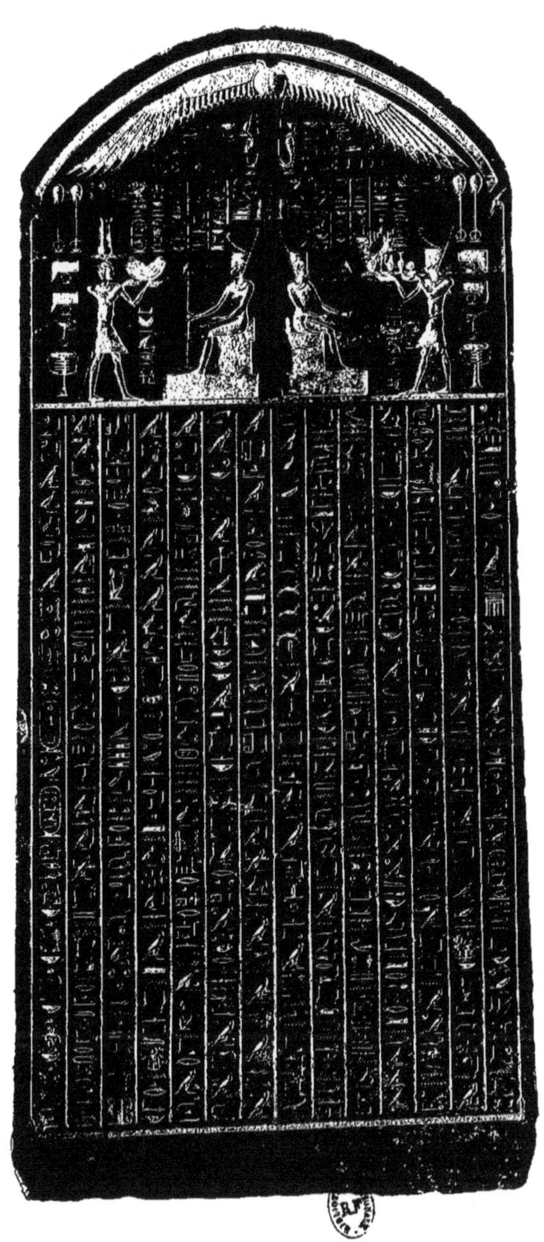

www.ingramcontent.com/pod-product-compliance
Ingram Content Group UK Ltd.
Pitfield, Milton Keynes, MK11 3LW, UK
UKHW021229140726
13695UKWH00002B/846